ちくま学芸文庫

世界システム論講義

ヨーロッパと近代世界

川北 稔

筑摩書房

まえがき

第一次世界大戦後、西ヨーロッパを「日の没する土地」として、その没落を警告したのは、ドイツの歴史哲学者O・シュペングラーであった。彼の学説は、なお当時は、風変わりな警告としかみられなかったが、今日では、「西洋の没落」は日常的に人びとの口の端にのぼる現象となっている。「西洋の勃興」の中心にあったイギリスについていえば、「イギリスはなぜ衰退したのか」ということのほうが、一般的な話題となっているのである。

たほう、ほんの一〇年ないし二〇年前までは、マルクス主義史家やマックス・ヴェーバー研究者によって、「アジア的停滞」とか「非合理的な」「儒教社会」などとされ、発展の見込みのほとんどない土地のようにいわれたアジア、とくに東アジアは、いまや世界でもっとも活気に満ちた地域となっていることも、周知のとおりである。こうなると、ヴェーバーやマルクスが解明しようとした「ヨーロッパの勃興」は、その歴史的事実そのものの影が薄くなり、かつて大繁栄を誇ったアジアの諸帝国——とりわけ、その文化——の「ルネサンス」だというような声も、各方面から聞かれるこのごろである。

このような近年の傾向を前提とすれば、世界の歴史はどのように再構成されるのか。本当に、近代ヨーロッパの「勃興」は一つの「エピソード」にすぎず、絢爛たる古代のアジアから、日本をはじめ、経済開発に活気づく現在のアジアNIESやASEAN諸国の現況に直結するのが世界史の「本筋」なのであろうか。つまり、近代すなわち「ヨーロッパの時代」は、世界史における「暗黒の中世」であったのだろうか。

この講義の立場は、このような見方には賛成しない。偏狭な「ヨーロッパ中心史観」はもとより間違いであるが、同様に勇ましいばかりの「アジア主義」も、はなはだ危険だというのが、この講義の基本姿勢である。現代のアジアの経済発展は、古代のアジア諸帝国の価値観を「復活」しているようなものではない。そこにあるのは、本質的に近代ヨーロッパが生み出した物質的価値観そのものでしかない。日本であれ、香港であれ、韓国であれ、中国であれ、タイであれ、マレーシアであれ、世界の耳目をそばだたせているそれぞれの「経済開発」は、近代ヨーロッパ型の開発でしかない。アジア独自の価値観といったものは、どこにもみえていない。したがって、このようなタイプの「開発」が、結局、どんな問題に突き当たるかは、ある意味では、ヨーロッパ人が苦い思いを嚙みしめつつすでに経験してきていることである。たほう、いうまでもないことだが、その近代ヨーロッパの経済開発も、ヨーロッパが独力で、ヨーロッパ人の「禁欲」や「勤勉」のみによって展開したようなものでは毛頭ない。そのようなヨーロッパ中心史観は、まったく論外である。

したがって、われわれのとるべき道は一つしかない。少なくとも十六世紀以降の世界は、ヨーロッパと非ヨーロッパ世界が一体となって、相互に複雑に影響し合いながら展開してきた、とみることがそれである。それこそ、ここでいう、「(近代)世界システム」論の立場なのである。

二〇〇〇年十月一日

川北　稔

目次

第14章 パクス・ブリタニカの表裏

第15章 ヘゲモニー国家の変遷

世界システム論講義——ヨーロッパと近代世界

第1章　世界システムという考え方

はじめに

現代世界は一つだといわれる。しかし、「世界が一つ」とはどういうことなのか。また、そのような一体としての世界は、どのようにして、いつごろ成立してきたのか。そのなかで、なぜ、ヨーロッパが中心となったのか。いわゆる南北の格差はどうして生まれたのか。

また、近年は、アジア、とくに東アジアの経済発展が著しいといわれるが、この現象はどうみればよいのか。いまや、アメリカを含むヨーロッパの時代は終わり、アジアの時代になっているといえるのか。つまり、ヨーロッパ・アメリカを中心とした従来の世界システムはいま消滅し、アジアを中心とする別の何かが成立しはじめているのか。もしそうだとすれば、かつて「ヨーロッパの発展」をもたらした条件と、いまアジアを勃興させている条件とは同じなのか、違うのか。この講義が問題にするのは、このような事柄である。

そのために、ここで採用する歴史の見方は、世界システム論として知られているものである。近代世界を一つの巨大な生き物のように考え、近代の世界史をそうした有機体の展開過程としてとらえる見方である。

1 「先進国」と「後進国」という表現は何を意味するか

今日、日常的に使われる言葉として、「先進国」とか「後進国」という言葉がある。「先進国首脳会議」とか、「先進七カ国蔵相会議」などという表現もあるし、「アメリカ合衆国や日本やイギリスは先進国だが、アジアやアフリカやラテンアメリカの多くの国は、後進国だ」などともいう。しかし、ここでいう「先進国」とはいったい何のことだろうか。

よく考えてみると、それは工業が発展している国のことであったり、一人当たりGDPや所得の高い国とみられたり、あるいは議会制民主主義が行われている国とみられたりしていて、はなはだ多様であることがわかる。

ともあれ、今日の世界は、比較的少数の工業的な「先進国」と、農業的な「後進国」とに分かれている、と考えられているのである。ヨーロッパ、アメリカ、日本など、いわゆる「先進国」の多くは北半球にあり、アジア・アフリカ・ラテンアメリカに多い後者は、概して南半球にある。両者の格差こそが、「南北問題」として知られる人類史上、解決のはなはだ困難な課題の一つである。これが、かつてふつうに考えられてきた近代世界史の構図であった。

しかし、このような見方は、歴史的にみて正しいといえるのだろうか。このような見解は、じつは、歴史学的には、次のような二つの前提を、当然のこととして認めた場合にしかいえないことである。すなわち、一つには、歴史があくまで「国」を単位として展開するという見方である。世界史というのは、イギリスや日本や合衆国やケニアといった、「国」がお互いに共通のゴールに向かって競走をしているようなものだ、とみるのである。国の内部の個人や階級などの社会集団が歴史の単位でもなければ、逆に、東アジア地域とかEU（ヨーロッパ連合）といった、「国」を超えた広域などではなく、あくまで「国」を単位として、歴史は語られるべきだという考え方が、「先進国」や「後進国」という表現には含まれているのである。このような歴史の見方は、一般に「一国史観」と呼ばれている。この講義では、このような歴史の見方をやめてみようと思う。

いまわれわれが「国」と意識している、いわゆる国民国家は近代の産物であり、少し時代をさかのぼれば、ドイツなどという国はないし、イタリアという国もインドという国もない。イギリスは、イングランドとウェールズとスコットランドなどに分かれていたし、フランスでさえ、いまのようなものではなかった。日本にしても、江戸時代の人びとにとっては「国」とは「日本」のことなどではなくて、各藩のことであったことはいうまでもない。このことだけからしても、「国」を歴史の単位とすることは、奇妙なことなのである。

歴史学の立場からみて、「先進国」と「後進国」という表現に含まれると思われるいま一つの前提は、これらの「国」が、いずれも、同じ一つの発展のコースにそって競走をするのが、近代の世界史だという見方である。同じコースを同じ方向に走っているのでないかぎり、どちらが先に行っているのかをいうことはできない。ここでいう、同じコースとは、たとえば、GDPの成長とか、封建社会から資本主義社会への転換とか、工業化とかいったコースのことである。

イギリスが十九世紀はじめに達成した「工業化」に、インドはまだ成功していないとか、イギリスでは十八世紀初頭に確立した議会制民主主義が、アフリカの国には

「まだ」成立していない、などという主張がなされるのは、インドやアフリカもかならずイギリスのような国になっていかなければならないのだ、と決めつけていればこそ可能なのである。このような歴史の見方を、ここでは「単線的発展段階」論と呼んでおく。

「単線的発展段階」論的な歴史の見方は、戦後のわが国ではたいへん有力になり、イギリスが十七世紀に達成した市民革命が、わが国ではなお完成していないとさえ考えられた。先進国イギリスにたいして、日本は三〇〇年ほど「遅れて」いるとみられたのである。こうして、第二次世界大戦後のわが国では、イギリス市民革命のあり方が、今後の日本の課題として、現実感をもって研究されたりもした。

また、この考え方からすれば、諸国は、互いに干渉されることなく、いわばセパレート・コースを使って競走しているのであり、頑張った国は「先進国」となったが、頑張らなかった国は「遅れて」しまい、「後進国」となった、ということになる。たとえば、ピューリタニズムと呼ばれた信仰を基礎として、禁欲と勤勉を日常道徳とする人が多かったイギリスでは、資本主義経済の発展が著しく、世界で最初に工業化に成功し、大英帝国を形成して世界を支配した。これにたいして、ヒンズー教やイスラム教の世界となったインドでは、人びとはそのようには行動しなかったので、結局、イギリスの植民地になってしまい、いまでも「後進国」となっている、とみなされたのである。

2　世界システム論の立場

しかし、このような考え方は、本当に現代の「南北問題」の起源を正しく説明しているのだろうか。アジアの多くの国やアフリカの国ぐに、ラテンアメリカのそれらが貧しいのは、その国の人びとが怠け者だからなのだろうか。少なくとも、これまでその国民が頑張らなかったために、これらの諸国はいまも貧しいのであろうか。また、本当にいまのアフリカの国は、何百年かまえにイギリスやフランスが走っていたのと同じトラックを走っているといえるのだろうか。たとえば、それらは、「封建社会」といった状態にあるといえるのだろうか。このような疑問から、コロンブス以後の近代世界史の見方を、根本的・徹底的に転換しようとするのが、「近代世界システム」論である。

近代の世界は一つのまとまったシステム（構造体）をなしているので、歴史は「国」を単位として動くのではない。すべての国の動向は、「一体としての世界」つまり世界システムの動きの一部でしかない。「イギリスは進んでいるが、インドは遅れている」などということはなく、世界の時計は一つである。現在のイギリスは、現在のインドと同じ時を共有している。両者の歴史は、セパレート・コースをたどってきたのではなく、単一のコースを押し合い、へし合いしながら進んできたのであり、いまもそうしているのである。いいかえると、「イギリスは、工業化されたが、インドはされなかった」のではなく、「イギリスが工業化したために、その影響をうけたインドは、容易に工業化できなくなった」のである。

今日の南北問題は、「北」の国が「工業化」され、「開発」される過程そのものにおいて、「南」の諸国がその食糧・原材料生産地として猛烈に「開発」された結果、経済や社会のあり方がゆがんでしまったことから、生じたのである。つまり、「南」は何も手が加えられなかったのではなく、猛烈に「低開発化」されたのである。近代においては、「南」と「北」は単一の世界システム、つまり、世界的な分業体制をなし、それぞれの生産物を大規模に交換することで、はじめて全体の世界経済が成り立つことになったのである。

ところで、このような世界システムには、全体が政治的に統合されている「世界帝国」と、政治的には統合されていないが、大規模な地域間分業によって経済的に結ばれている「世界経済」と呼ばれるものとがある。

近代世界は、後者の原理で成り立っている。ナポレオンやヒトラーのように、これを「帝国」に転換しようとする動きはときどきあるが、歴史的には、いずれも主として財政的理由で、失敗に終わっている。国連のPKO活動が同じ理由で危機に瀕していることは、近代世界では、政治統合体としての「帝国」がいかに非能率であるかを示唆している。たとえそれが、「国連」であっても、である。

ただ、世界の重心が部分的に中国に移動しつつあるようにもみえることからすれば、「政治は社会主義、経済は資本主義」といわれるその体制が、政治・社会体制をも含めて「ヨーロッパ世界システム」の一部になりきる途上にあるのか、それとも、これまでの世界システムとは異なる何かが、中国を軸として出来ていくのか、という問題は検討に値する。

3 「近代世界システム」の展開

近代の世界システムは、いわゆる大航海時代の後半に、西ヨーロッパ諸国を「中核」とし、ラテンアメリカや東ヨーロッパを「周辺」として成立した。以後、この巨大な生物は、十九世紀のように激しく成長・拡大する時期と、十七世紀のようにむしろ収縮気味の時期とを繰り返しつつ、地球上のあらゆる地域を呑み込んでいった。ロシア史上、西ヨーロッパの文化を取り入れたとされるピョートル大帝の時代は、世界システム論からいえば、ロシアがこのシステムに組み込まれたことを意味するにすぎない。わが国の開国・維新もまた同じである。今日では、地球上に、このシステムに組み込まれていない地域は、ほとんどない。

世界システムの「中核」とは、この世界的な規模での分業体制から多くの余剰を吸収できる地域であり、工業生産を中心とする地域でもある。これに対して、「周辺」は、食糧や原材料の生産に特化させられ、「中核」に従属させられる地域のことである。

たとえば、十六世紀の東ヨーロッパでは、西ヨーロッパへの穀物輸出の激増、つまり分業体制の強化にともなって、農奴の労働が強化されたことが以前からよく知られていた。「一国史」の立場に立つ伝統的な歴史学では、これを「封建反動」とし、その制度を「再版農奴制度」と呼んできた。つまり、このときから東ヨーロッパは、西ヨーロッパに対して「遅れた」と考えてきたのである。しかし、世界システム論では、「再版農奴制度」も近代世界システムの一部にすぎない。ただ、その地域が従属地域、つまり「周辺」としてこのシステムに組み込まれたことを意味するにすぎないと考えるのである。世界システムの「周辺」では、この東ヨーロッパの農奴制度であれ、南北アメリカの黒人奴隷制度であれ、インドのライアット農民の制度であれ、それぞれの地域と関係の深いタイプの強制労働が採用されるが、そうした外見にもかかわらず、全体が世界的・資本主義的な分業体制のなかにある以上は、それらは、すべて近代資本主義の労働形態なのである。

ところで、世界システムの歴史では、ときに、超大国が現れ、中核地域においてさえ、他の諸国を圧倒する場面が生じる。このような国を「ヘゲモニー（覇権）国家」という。もっとも歴史上、このような国は、十七世紀中ごろのオランダ、十九世紀中ごろのイギリス(「イギリスの平和」)、第二次世界大戦後、ヴェトナム戦争前のアメリカの三国しかない。

世界の現状は、ヴェトナム戦争以後、アメリカがヘゲモニー(覇権)を喪失した状況にあることは、ほとんどの研究者が承認している。とすれば、かつてイギリスのヘゲモニーが崩壊したとき、やがてアメリカのそれが取って代わったように、どこか別の地域がヘゲモニーを確立するのだろうか。その場合は、いま元気なアジアが最有力であろうが、そのなかで日本は、従来のような指導的な位置を維持しつづけられるのだろうか。

それとも、ヨーロッパを中心として十六世紀に生まれたこの「近代世界システム」は、ついに地球全体を呑み尽くして、死滅するのだろうか。もしそうなら、世界がふたたび、十五世紀以前の諸文化割拠の状態になるのだろうか。あるいは、もっと別のかたちになっていくのだろうか。そのとき、日本はどうなっているのだろうか。

第2章　アジアにあこがれたヨーロッパ人

——大航海時代へ

十五世紀のヨーロッパ封建社会は、経済的にも、社会的にも、危機の状態にあった。この危機への対応策として、近代世界システムの形成が進むことになる。なぜ、ヨーロッパが対外進出に危機の解決策を求めたのかを検討する。

1　近代以前の世界

十六世紀に近代世界システムが成立するまでの世界は、どのような状況にあったのだろうか。たとえば、十二世紀から十三世紀にかけての東半球、つまり旧世界では、四つないし五つの経済圏が認められた。すなわち、地中海の周辺にビザンティン帝国とイタリア諸都市があり、北アフリカの諸都市を含めて一つの交易圏をなしていた。同様に、インド洋からペルシャ湾の沿岸も、いま一つの交易圏となっていた。中国を中心とする東アジア交易圏もあれば、モンゴルからロシアにかけての中央アジア世界が第四のまとまりとなっていた。十三世紀後半には、元朝の成立によって、最後の二つの世界は、漠然とではあるが、結びつけられる傾向にもあった。また、さらにいえば、ハンザ商人の活躍の場となっていくバルト海地域も一つの商業圏として成長しはじめていた。

これにたいして、のちに近代世界システムの中核となるヨーロッパの北西部、つまり今日のイギリスやベネルクス三国や北フランスなどは、これらのどの世界にも本格的には編入されず、経済的には、まったくの「周辺」の地位にあった。そもそも、この地域は、地中海世界の原型である、古代のローマ帝国の辺境に当たったし、のちにバルト海世界を支配するハンザ商人の活動範囲の辺境でもあったのである。

2 封建制度のもとでの発展

当時この地域に、広くみられたのは、封建制度として知られる社会・経済の組織であった。「封建制度」という言葉は、封土の下封と軍役義務の交換を行う、領主間の契約関係（「レーエン制度」）をさして使われることもあるが、経済的にいえば、要するに、農民などの生産する経済的余剰のほとんどを、裁判権をもつ領主、つまり貴族たちが握るような社会制度だということもできる。

ただし、地代や貢納として貴族の手に落ちるこの経済的余剰は、ほとんど現物、つまり穀物などの生産物のかたちをとっていたから、それがどこかに売れないかぎり、あまり大きな意味はないことになる。したがって、封建社会は、しばしばいわれるような、閉鎖的で、交換の少ない「自然経済」などではない。それは、かならずある程度の商業や都市の発展と並行して発展したのである。

とはいえ、封建社会にあっては、各地域間の経済統合はなされておらず、その証拠に、たとえば、遠く離れた地域では、商品の価格に大きな違いがあった。この価格差を利用して営業したのが「遠隔地商人」たちである。こうして、封建社会にあっては、人口の増加にともなって生産性も上昇し、遠隔地貿易と地域内の交換が同時に発展して都市も展開する。

十二世紀から十三世紀にかけての北西ヨーロッパは、じっさい、「大開墾時代」の異名が与えられるくらい、人口が増加し、耕地の開発もすすんだ。オランダ人の著名な農業史家スリヘル・ファン・バートによれば、一一五〇年ごろを境として、西ヨーロッパは「農産物の間接消費」の段階に達したという。つまり、多くの人びとが自給するような体制ではなくなり、食糧のような基礎物資でさえ、多くは交換、つまり商業によって入手するようになったということである。これ以後、現代にいたるまでの歴史は、一貫して「万物の商品化」の歴史である――賃金労働というかたちで、労働力つまり人間も「商品化」され、土地も商品となるばかりか、産業革命以降になると、「教育」や「育児」のような家庭や共同体がもっていた役割までが「商品化」される――が、封建社会のなかでも、商品化はよほどすすんでいたことは知っておくべきである。

3　危機の到来

しかし、封建制度のもとでの人口増加や商業の展開には、限界もあった。北西ヨーロッパでは、すべての経済指標が、十四世紀のどこかで、変化の方向を逆転させるのである。人口は減少しはじめ、耕地の一部は廃止される。黒死病や戦火に見舞われた地域などでは、人口の「激減」を経験し、廃村になるところも少なくなかった。つまり、ヨーロッパ全域にわたって、十四・十五世紀には「危機」があったと考えられるのである。この危機の基本的な性格やその原因がどんなものであったかについては、多くの意見があって、まとめることは簡単ではない。しかし、何らかの意味で危機があったことでは、ほとんどの見解が一致している。「封建制の危機」とか「領主制の危機」などと呼ばれているものである。

この「危機」がどんなものであったと考えるにせよ、この「危機」への対応のなかから、近代の世界システム、すなわち「ヨーロッパ（を中核とする）世界システム」が成立することは間違いない。「封建制の危機」は、当面の技術や生産の水準を超えて人口が増えすぎたことから起こったという説もあるし、むしろ、一揆その他の形態をとる農民の抵抗がはげしくなり、「不満の風潮が風土病のようになっていた」ことを理由とする説もある。つまり、領主（貴族）層と農民との経済的余剰の取り分をめぐる闘争が激化したのだというのである。

「根本的原因」がどこにあったにせよ、人口が減少し、生産が停滞するなかで、領主と農民の取り分をめぐる闘争が強まったのだから、この危機を脱する方法は、ただ一つ、分け合うもとのパイを大きくする以外になかった。「大航海時代」を契機として、北西ヨーロッパの枠をはるかに越えた「ヨーロッパ世界システム」の確立に向かう動きが本格化したのは、まさにこのような背景からである。

4　国家機構とインターステイト・システム

しかし、危機に陥ったのは、封建社会の経済だけではなかった。領主層が武力を独占することで、農民を支配してきたのが領主制度であるが、この時代になると、火薬の普及に始まる戦術の変化が、騎士の戦闘能力を無意味にした。農民の抵抗を押さえきれなくなった領主層は、これまでむしろ対抗関係にあった中央政府、つまり王権の支援に期待することが多くなった。権力が国家機構に集中されたのである。こうして「絶対王政」と呼ばれるような傾向が、スペイン、イギリス、フランスその他、西ヨーロッパ各国においてみられるようになった。イギリスについていえば、農民の抵抗には武装蜂起、つまり「一揆」ばかりか、嘆願のような合法的手段のほか、通常の逃散やのちの「機械打ち壊し」につながる「打ち壊し」、その他多様なタイプがあったが、一揆の形態をとるものだけをとっても、一三八一年の「ワット・タイラーの一揆」、「ジャック・ケイドの一揆」(一四五〇年)、「ロバート・ケットの一揆」(一五四九年)をはじめ、多数の農民一揆があいついだ。このような農民の抵抗を押さえるために領主階級は、中央政府、つまり国王に権力を集中して対抗する必要に迫られたのである。こうして、西ヨーロッパの国家機構は強化され、それを支えるものとして国家官僚制度と常備軍が発達することになった。国家権力が国内のすべての権力に優越する、「国家主義（スティティズム）」とでもいうべき傾向が生まれたのである。こうして生まれた国家を構成する人間は「国民」であるとみなされ、「国民国家」の概念がしだいに成立する。「国民」は、共通の「国民文化」を保持するものとされ、連帯ないし同胞意識で結ばれるべきものとされた。ここから、想定された「国民」や「国民文化」に合わない者は排除されるか、強制的に「国民」に統合されるべきものとされたのである。

しかし、いうまでもなく「国民」はつくり出されていくもので、現実の民衆を「国民」として完全に統合するような試みは遅々としてしか進行しなかったし、現在でも完成していない。というより、ここではまだ説明できないが、世界システム論的にみれば、近代の世界では、いっぽうで、完全な国民統合を拒否するような力が強く作用してきたのである。カスティーリャとアラゴンの君主の婚姻で形式的に成立させられたスペインはいうに及ばず、イギリスでも、ウェールズやスコットランドなど、ケルト辺境の問題を考えただけで、このことは明らかである。フランスにしても、国内にバスクやケルトなど少数民族（マイノリティ）の問題を抱えていることをみれば、ことは明白である。

それに、国家権力は、国内的にはある程度の権力を掌握できたとしても、国際的にみれば、行動の自由を保証されていたわけではない。世界が経済的に一つの巨大な市場ないし分業体制に組み込まれていく「近代世界システム」の歴史にあっては、国家もまた、この分業体制を覆う、諸国家のつながり（インターステイト・システム）のなかでしか動けないからである。

分配すべきパイの拡大を求めて、西ヨーロッパ諸国は対外進出を果たした。その過程で、西ヨーロッパ諸国では、中央に権力が集中され、統合が強化されて、しだいに「国民意識」も強まっていったが、その同じ過程が、近代世界システムとその政治局面としてのインターステイト・システムを成立させ、国際社会のなかで国家が経済的・政治的に主体性を発揮しうる局面は、ごく小さなものになっていったのである。この点にこそ、近代初期（近世と呼ぶことにする）のヨーロッパ史のパラドクスがある。

近代世界システムの成立過程は、西ヨーロッパでは、国家権力の強化に作用した。

西ヨーロッパが、まさに生まれ出ようとする近代世界システムの「中核」となっていった証拠である。しかし、同じ世界システムは、そのシステム内に併合した地球上の他の地域、つまり、この「中核」＝西ヨーロッパに従属することになった地域――とりあえずは、エルベ川以東の東ヨーロッパとラテンアメリカ――には、まったく逆の作用をもたらした。すなわち、これらの地域では、それまであった国家的な機構は弱められ、その正体がはっきりしなくなり、ついには「植民地」化されてしまうことさえあったのである。アステカやインカの帝国は消滅し、ポーランド国家にしても、紆余曲折ののちではあるが、十八世紀には、三度の「ポーランド分割」によって消滅してしまう。世界システムは、その地域間分業の作用を通じて、このように、西ヨーロッパ＝「中核」では国家機構を強化しつつ、「周辺」では、国家を溶融させる効果をもったのである。国家機構の弱体化した地域は、インターステイト・システムにおける影響力を失っていく。

5　なぜ「ヨーロッパ」世界システムになったのか

しかし、それならば、なぜヨーロッパは「中核」になったのか。じっさい、近代を生み出したとされる火薬や羅針盤や印刷術などは、ことごとくアジア、主に中国の発明したものであったし、海外への探険や航海にしても、中国のほうが先に展開したともいえる。すなわち、コロンブスやバスコ・ダ・ガマに先立つ十五世紀前半（明《みん》代初期）には、イスラム教徒であった廷臣鄭和《ていわ》が、七度にわたって「南海」を探険し、ジャワ、セイロン（スリランカ）、インドから、ペルシャ湾、東アフリカあたりまで進出していた。バスコ・ダ・ガマがインドのカリカットを訪れたとき、そこの住民は、もっと以前に東からきた鄭和の大軍団のことを記憶していたといわれている。その探険・航海のなかには、数万人の規模に及ぶものもあり、規模の点でも、ヨーロッパ人の「大航海」に匹敵するものであった。

とはいえ、結局のところ、近代世界システムは、コロンブスやガマの航海を前提として、ヨーロッパ人の主導のもとに成立した。それはあくまで「ヨーロッパ（を中核とする）世界システム」となったのであり、「明朝世界システム」とはならなかった。この事実は、どのようにして説明されるだろうか。ヨーロッパの生産力が、アジアのそれを上回っていたからだろうか。ヨーロッパの商業がだんぜん発達していたからだろうか。いずれも、ノーである。技術水準ばかりか、農業や製造業の生産力そのものも、おそらくアジアのほうがヨーロッパより高かっただろうと考えるべき理由はいくらもある（たとえば、種を一粒播けば、何粒の収穫が得られるかというような推計をみると、この時代のヨーロッパでは、アジアよりはるかに低い五〜六粒という結果しかでない）。商業も、アジアのほうがだんぜん盛んであったということができる。こうしてみると、ますますヨーロッパではなく、アジアが世界を席捲《せっけん》し、「アジア世界システム」が近代世界を統合しても不思議ではなかったように思われる。

しかし、ヨーロッパのシステムと中華システムには、決定的な違いが一つあった。すなわち、前者は政治的統合を欠いた経済システムであったということである。中華システムの「中核」は、明であれ、清であれ、とにかくユーラシア大陸の東部一帯をひとまとめにして支配する「帝国」となっていたのに対して、西ヨーロッパは、まさしくそのような統合を欠き、「国民国家」の寄せ集め——インターステイト・システムに組み込まれていたとはいえ——にすぎなかったのである。帝国は帝国内部での武力を独占し、武器の浸透や発展を阻止する傾向が強い。これに対して、国民国家の寄せ集めであったヨーロッパでは、各国は「競って」武器や経済の開発をすすめた。このことが、十六世紀における東西の武力の圧倒的な差となって現れたとみるべきであろう。

アメリカ人の歴史家K・ポメランツは、その著『大分岐』において、十八世紀末まではヨーロッパとたとえば、中国に経済水準や技術水準の差異はなかったとして、ヨーロッパが「アメリカ」という、巨大な資源供給地を得たことが、東西の歴史的明暗をわけたとしている。その点では、本書の理解とほぼ同じである。ただ、ここでは、ヨーロッパが「アメリカ」を得たのは、たんなる偶然だとはみない。中国が対外進出を控えて、むしろ「海禁」とよばれる鎖国政策に転じていくのに対して、ヨーロッパが「大航海」に熱中するのには、しかるべき理由があったと思われる。

第3章　キリスト教徒と香料を求めて

いささか理屈っぽい話が続いたので、このあたりから、ヨーロッパと他の世界との具体的なつながりをみることにしよう。

十字軍と国土回復運動の延長として対外進出に乗り出したポルトガルの事情と、ポルトガル人到来以前のアフリカの状況、アジアの諸交易圏の繁栄ぶりをまじえて検討する。さらに、ヨーロッパ経済圏とアジアのそれのつながり方をみる。

1 「キリスト教徒と香料」――ポルトガルの目的

ヨーロッパの対外進出の先頭を切ったのは、いうまでもなく、ポルトガルであった。では、なぜそれはポルトガルだったのか。

最大の理由は、この国がヨーロッパの最西端に位置していたこと、早い時点で、イスラム教徒からの国土回復に成功していた、ということなどにあろう。インドのカリカットに航海したバスコ・ダ・ガマは、その目的を「キリスト教徒と香料」と答えている。つまり、伝道という宗教的意図と商業目的というわけだ。半ば伝説となった「プレスター・ジョン（ヨハネ）の子孫であるキリスト教徒」は、現実にはエティオピアあたりの原始キリスト教徒のことかともいわれているが、そうでなくとも、ポルトガル人が伝道の意欲を強くもっていたことはよく知られている。要するに、ポルトガル人（やスペイン人）の対外進出には、イスラム教徒との対抗という十字軍運動以来の宗教的目的があったわけだ。「帝国」という政治統合をもつ代わりに、帝国内にどのような宗教をも自由に受け入れる寛容性をもっていた中国人には、おそらく、このような動機も、乏しかったであろう。

ポルトガルがどのようにしてその世界帝国を形成したかは、よく知られている。十三世紀に国土回復に成功したポルトガルは、その余勢をかって、十五世紀はじめにはジョアン一世の息子エンリケ航海王子などの努力によって、アフリカに進出を始めた。一四一五年のアフリカ北岸のセウタ占領が、イスラム教徒との戦いという枠を越えて、ブラック・アフリカへの進出のきっかけになった。一四二〇年には大西洋沖のマデイラ諸島、二七年にはアゾーレス諸島に到達し、三二年には、従来、ここを越えると生きては帰れないといわれたナン岬を越え、ヴェルデ岬に到達した。

こうして獲得した大西洋上の諸島では、砂糖キビや棉花のプランテーションが試みられ、のちのブラジルやスペイン領アメリカ植民地の先駆形態といえるものがみられた。すでに、エンリケ自身のなかに、植民地経営者としての思考法が芽生えていた証拠である。じっさい、一四四一年には、アフリカ商品の受け入れ機関として「ギニア省（カサ・ダ・ギネ）」が設立された。ギニアとは、当時アフリカ西海岸一帯をさした言葉である。

しかし、ポルトガルの最終目標は、あくまで「香料」にあった。エンリケの死後、一時的に対外進出の動きは弱まったが、一四八〇年代になってジョアン二世が即位するとふたたび活発となり、八八年、バルトロメウ・ディアスがついに喜望峰に到達した。最終的にバスコ・ダ・ガマがインドのカリカットに到達し、インド航路が開かれたのは、一四九八年のことであった。

ガマは、再度アジアに航海したものの、植民地はもとより、帝国の基礎となるような拠点の建設には成功しなかった。インドのマラバル海岸を中心に各地に城砦を築き、ポルトガルの東方帝国の建設を始めたのは、彼の後継者アルメイダであった。インド西北海岸のグジャラートを押さえ、エジプト、地中海を通じてヴェネツィアにつながるイスラム教徒の香料貿易――いわゆるキャラバン貿易――を窒息させることが、彼のねらいであった。彼が紅海の入り口のソコトラ島を占領しようとしたのも、このためであった。

2　香料諸島をめざして

しかし、本格的にポルトガル帝国の建設に成功したのは、第三の男アルブケルケであった。一五一〇年に彼が占領したインドのゴアは、以後ポルトガル東方帝国の一大拠点となっていったし、その翌年には、旧来のアジア内交易の結節点であったマラッカをも押さえることになった。既存のアジア内貿易に参入するかたちでは、必要な香料の多くはこの地で入手が可能であったが、なお、目標はモルッカ（香料）諸島そのものにあった。

前世紀の末、いわゆる「教皇分界線」とそれを改定したトルデシリャス条約とによって、ローマ教皇の仲介のもとに、ポルトガルとスペインは世界を分割してしまった。この結果、ラテンアメリカの大半がスペイン領とされたものの、一五〇〇年にカブラルが偶然発見したブラジルは、西半球で唯一のポルトガル領とされたことはよく知られていよう。むろん、このような分割は、現地の人びとはあずかり知らないことであったし、キリスト教世界においてさえ、ほかの国にとっては問題外であったから、イギリス・フランス・オランダが以後二世紀以上にわたって、この分割に猛烈な抗議の声をあげることになる。

それにしても、一つの問題は、北極を越えた分界線が太平洋のどこを通過しているのかであった。なぜなら、それは、当時のヨーロッパ諸国にとって最終ゴールとみなされたモルッカ（香料）諸島が、ポルトガル領の側にあるのか、分界線のかなた、つまり、スペイン領側にあるのか、という問題だったからである。しかし、結局、そのモルッカ諸島に最初に到達したのもポルトガル人であった。すなわち、彼らは一五一三年にはモルッカ諸島のテルナーテにまで進出し、そこに商館を建設する。

3　アジア内広域交易圏への「寄生」

このようなポルトガルの東方帝国には、一つの特徴があった。すなわち、それが商業帝国であって、スペイン人がアメリカで展開したような、鉱山開発やプランテーションの創設を含む「生産」の組織化は、課題とはならなかったということである。世界システム論という、この講義の立場からいえば、この事実は重要な意味をもっている。

ポルトガル人が、いわば既存の広域商業ネットワークに寄生するかたちで、自ら生産を組織することがなかったといっても、それはあくまでアジアでの話である。じっさい、彼らポルトガル人も、ブラジルでは自ら西アフリカから運んだ黒人奴隷を使って、大々的にプランテーションを展開したのである。逆に、アメリカでは、生産の組織に熱心であったスペイン人も、のちにメキシコのアカプルコとマニラのあいだに航路が開かれると、このマニラを拠点に既存のアジア内交易に「寄生」した。つまり、スペイン人とポルトガル人のあいだに、何か本質的な違いがあったのではなく、ヨーロッパとの関係において、アジアとアメリカの状況にこそ違いがあったのである。

当時の世界を虚心にみれば、かつて西洋の歴史家が想定した、商業の発展したヨーロッパと商業発展の遅れたアジアというような図式はまったく間違いであることがわかる。過去数十年の実証研究の成果と最近のアジア経済の勃興を背景にした歴史家の意識の変化が、もはやかつて唱えられたヨーロッパ中心史観を容認しなくなったといえよう。

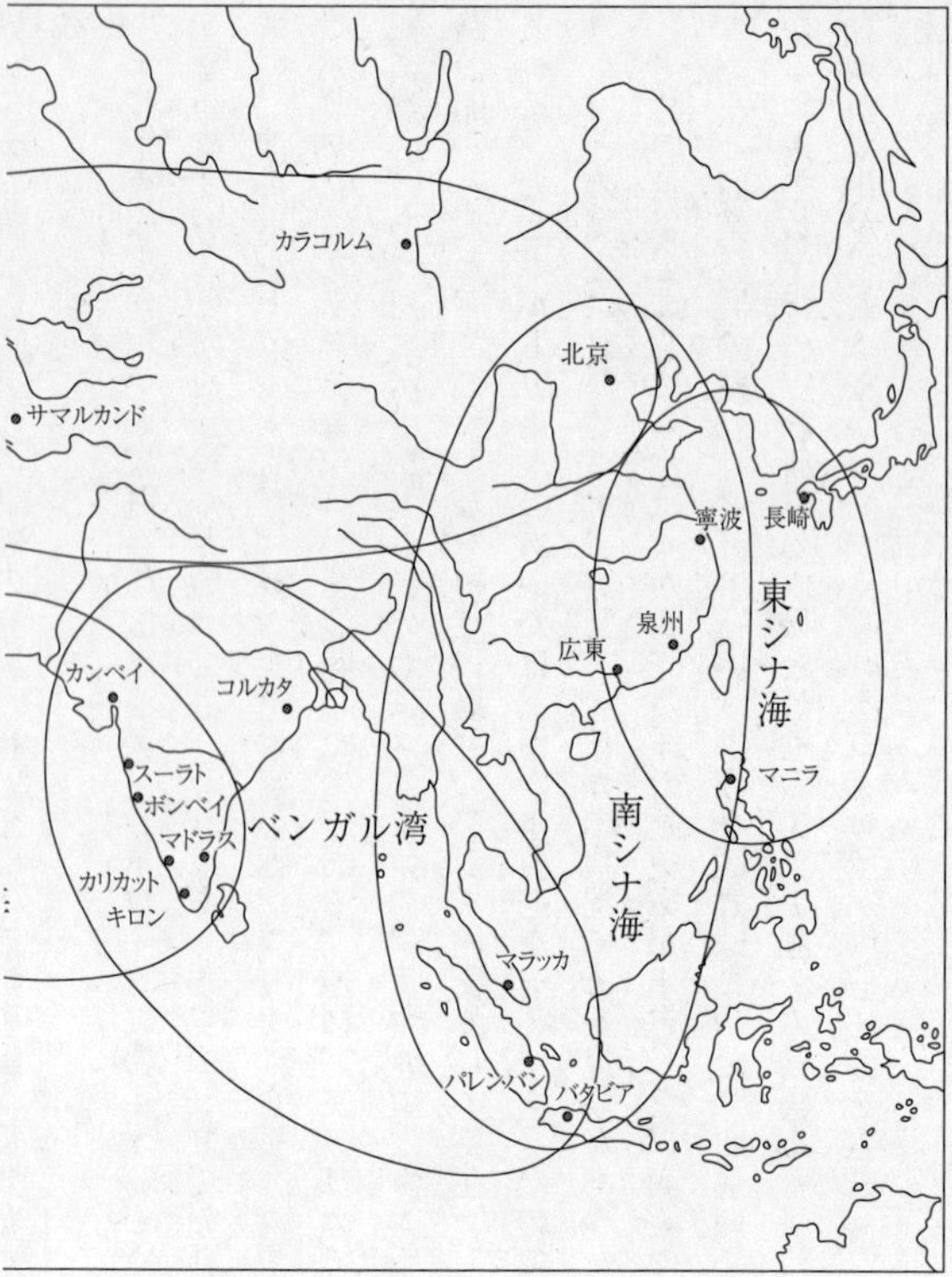
カラコルム
サマルカンド
北京
寧波
長崎
東シナ海
泉州
広東
カンベイ
コルカタ
スーラト
ボンベイ
マドラス
ベンガル湾
マニラ
南シナ海
カリカット
キロン
マラッカ
パレンバン
バタビア

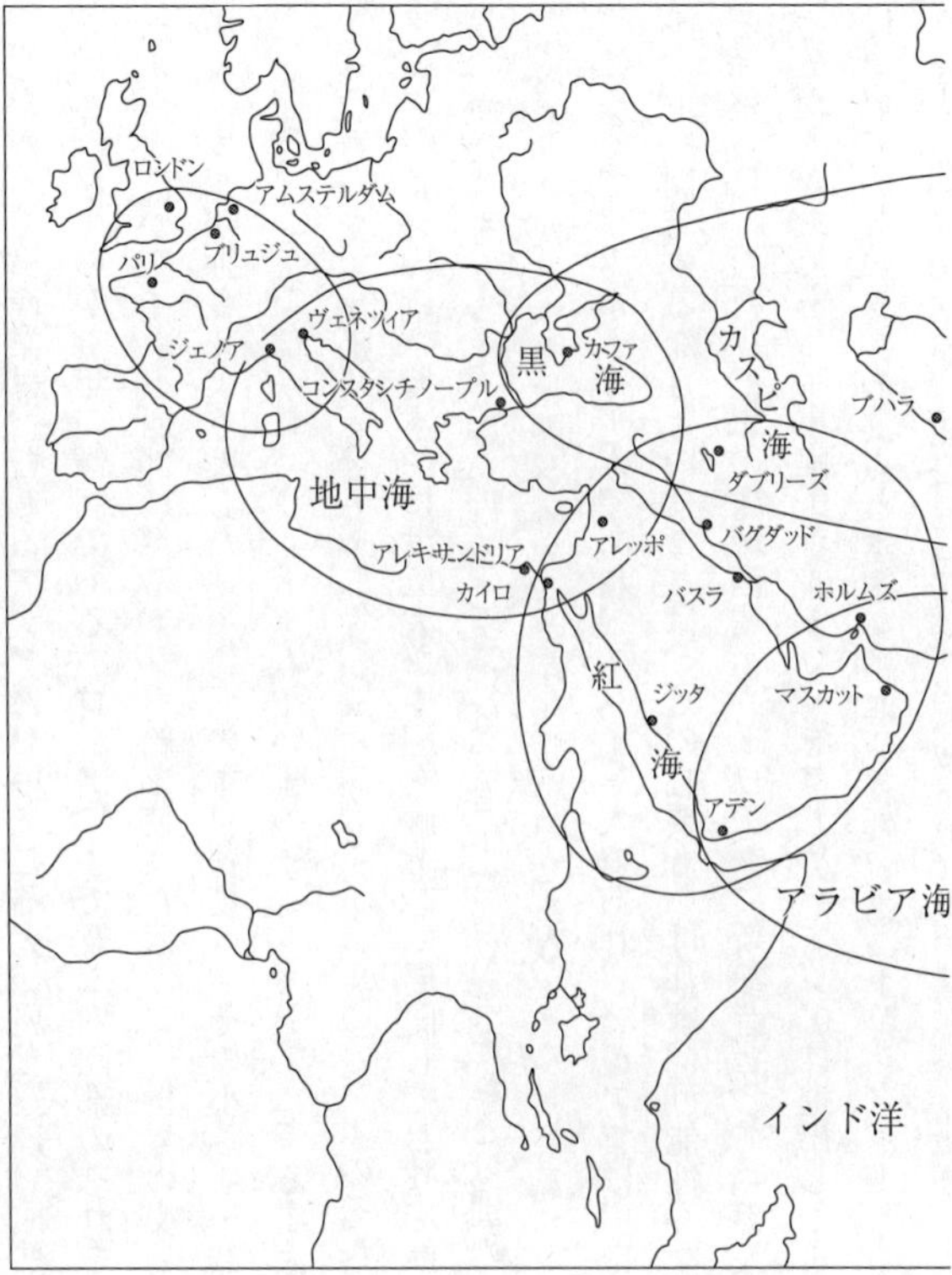

（Janet, L. Abu-Lughod, *Before European Hegemony*, p. 34 より作成。浜下武志氏による）

図 3-1　地域交易圏

へ

したがって、商業は、むしろアジアにおいてこそ大発展を遂げ、成熟期を迎えていた、とみなすのが近年の傾向である。ロシアにまで及ぶ内陸部のそれを別にしても、ペルシャ湾からインド西部に至る、ダウ船を使った西アジア世界の交易圏――最初にポルトガルが押さえようとした地中海への香料貿易は、その小さな一部にすぎなかった――、インド東部から、ヴェトナムやいまのインドネシアに至る広大な交易圏、日本を含む東アジアの交易圏などがあった（図3－1）。西アジアのそれをのぞけば、アジアの貿易圏は、基本的には巨大な中国を軸として展開しており、いわゆる朝貢貿易のかたちをとった。いわば、ここには、ヨーロッパのそれとは別の、中国を中心（中華）とした一つの世界システムが存在したのである。

こうして、ポルトガル人であれ、スペイン人であれ、アジアでは、自ら新たな貿易ルートを開発するなどということは、その必要もなければ、可能性もなかったのである。彼らは、ただ、旧来の広域商業ネットワークに新参者として「参入」するだけで十分だったのである。事実、ポルトガルをはじめ、アジアに進出したヨーロッパ諸国はたいてい、アジアの拠点と本国を結ぶ「基幹貿易（トランク・トレイド）」よりはるかに大きい額のアジア内交易（「カントリ・トレイド」または「ポート・ツー・ポート・

トレイド」）を展開したのだし、後者のほうが、はるかに大きな利益をもたらしもしたのである。

たとえば、ポルトガル人が押さえたマラッカには、西方からは、グジャラートなどインド各地からのイスラム商人などが多数到来し、東方からは、ジャワやスマトラをはじめ、インドネシア各地からきた商人、中国人商人、フィリピン人、果ては日本人までが来航し、雑多な商品を交換していた。なかでも、胡椒《こしょう》や香料その他のぜいたく品とともに、インド産の綿布やサゴ米などの基礎食糧が主要な取引品目となっていたことは、注目に値する。それは、アジア内の各広域商業ネットワークが、たんに奢侈《しゃし》品《ひん》の取引で成立していたものではなく、生活の基本にかかわる分業体制を発達させていたことを示しているし、それだけにまた、これらの生活必需品を大量に入手できなければ、このネットワークに本格的に参入することも難しかったことをも、意味しているからである。じっさい、香料諸島そのものが、ニクズクの特産地バンダ諸島を典型として、香料のほとんど完全なモノカルチャー地域となっており、食糧の外部からの補給なしには、日常生活も成立しにくい状況であった。

4　東アジアのポルトガル人

マラッカから西に広がった極東の交易ネットワークでは、中国人が東南アジアでヨーロッパ人以上に熱心に、大量の胡椒や香料を買い付けており、生糸・絹織物・陶磁器などを供給していた。日本からは銀を中心にした貴金属がもたらされていた。ポルトガル人は、一五五六年に対中国貿易の拠点としてマカオを開き、一五四三年には偶然、日本とも関係を開くことになった。その結果、日本と中国のあいだの貴金属の仲介――つまり、一種の「カントリ・トレイド」――などを通じて、ポルトガルは東アジア貿易から大きな利潤を得たものとみられる。しかし、その成果がいかに大きなものであったにしろ、東アジアにおけるポルトガルの立場は、きわめて脆弱《ぜいじゃく》であった事実は否めない。

東アジアにおける彼らの最大のウィーク・ポイントは、彼らがみずから供給すべき対価をもたなかったことである。あとからアジアに進出するオランダやイギリスにとってもそうであったが、この時代にも、アジアにはヨーロッパ商品の大きなマーケットは存在しなかった。とはいえ、むろんそれは、かつてヨーロッパの学者が想定したように、アジア人の多くがプリミティヴな自給的生活を営んでいたからなどではない。むしろ話は逆で、アジア人の生活構造は、大規模な地域間分業に基づく広域商業を前提として成立していたのだが、全体がアジア内で完結していたということなのである。

したがって、アジアでヨーロッパ人が対価としえた唯一の商品は、貴金属、とりわけ銀そのものであった。しかし、その銀の供給源は、ポルトガル帝国のなかにはなかった。こうして、ポルトガル人は毎年数千トンの香料や染料などを、リスボン経由で世界市場となったアントウェルペン市場に供給することはできたが、地中海経由の香料貿易を根絶させることはできず、香料を独占するにはいたらなかった。アジア内貿易は巨大すぎ、ポルトガル人がこれをコントロールすることは不可能だったのである。

5　世界システムのなかのポルトガル

ポルトガルの東方帝国は、自国のブラジル植民地とも、スペイン領のラテンアメリカ植民地とも、まったく構造が異なっていたことは、先に述べた。つまり、アジアで

表3-1　17世紀中ごろの世界システム　　★ヘゲモニー国家

	中核	半周辺	周辺
中核地域	★オランダ・イギリス・フランスなど	南フランス・スペイン・ポルトガル・イタリアなど	ラテンアメリカ（含カリブ海）・東ヨーロッパ・西アフリカなど
基本的な生産関係	資本家＝労働者（自由契約）	地主＝折半小作人	プランター＝奴隷領主＝「農奴」（強制的）
輸出品	工業製品		食糧・原料・労働
国家の強さ	絶対王政など強力な国家機構		植民地ないし従属的で脆弱な国
ものの考え方	自由主義		規制主義・抑圧的

表3-2　世界システムの展開

時期	特徴	世界商品
1450～1620年	成立期・ブームの局面	農産物と銀など
1620～1750年	収縮の局面・重商主義による中核諸国の生存競争・オランダのヘゲモニーの成立と崩壊	茶・砂糖・奴隷など
1750～1840年	拡大の局面・アジアの大半が組み込まれる。イギリスとフランスのヘゲモニー争い。イギリスの勝利となる	綿織物など工業製品が重要性を増す
1840～1917年	イギリスのヘゲモニーの盛衰。アメリカ合衆国とドイツの中核化	鉄・石炭・ゴムなどが加わる
1917～1967年	ロシア革命以後の社会主義政府の成立・反システム運動（社会主義的労働運動とナショナリズム）の展開・アメリカ合衆国のヘゲモニーの成立	石油・自動車などが加わる
1967～	ポスト・アメリカの時代	電子製品など

は、ポルトガルをはじめとするヨーロッパ人は、当面のあいだ、既存のネットワークに「参入」はしても、そこで大規模に生産を組織することはなかった。このことは、世界システムという歴史の見方からすれば、どのように説明しうるのか。

アジア各地は、それぞれの伝統的な広域ネットワーク——つまり、独自のシステム——に組み込まれており、ヨーロッパ人は、これらのネットワークと関係をつけることには成功したが、当面、それを吸収するにはいたらなかったということである。ヨーロッパとアジアは貿易関係を深めてはいったが、なお、この関係——つまり、「トランク・トレイド」——が、かりに一時的に途絶えたとしても、アジアもヨーロッパも、従来どおりの生活をほぼ続けることができたであろう。その状況は、たとえば、イギリス人の一般民衆が砂糖入り紅茶を常飲するようになった時代とは、まったく異なっている。じっさい、第一次世界大戦でインドやセイロンからの紅茶輸入を断たれたとき、イギリス人の食生活は危機的な状況に陥ったといわれている。むろん、産業革命時代でも、インドやエジプトの棉花が供給されなければ、イギリス工業は危機に陥っただろう。

こうして、十六世紀の段階では、ヨーロッパを核とする世界システムには、北西ヨーロッパに穀物や建築・造船資材を提供した東ヨーロッパや貨幣素材としての銀や砂糖を供給したラテンアメリカのかなりの地域は、従属的な「周辺」地域としてこの世界システムに組み込まれていたのにたいして、アジアはなお、独自のシステムに属しており、自立性を保っていたということである。

第4章　スペイン帝国の成立と世界システムの確立

スペイン国王カルロス一世による世界帝国形成の企図とその挫折、フェリーペ二世のもとでのアメリカ開発の進行を論じ、ラス・カサスの見解をもとに、先住民・クリオーリョ（現地生まれの白人）・スペイン人の関係について検討する。

1　スペイン帝国の形成

コロンブスの航海以来、スペインのアメリカ植民地は急速に拡大していった。貿易は、セビーリャのギルドが独占するかたちで展開されたが、一五二〇年ごろに最初のピークが訪れた。この年、七一隻の船がスペインから西インド諸島に向かい、三一隻が帰国した。このころのアメリカからの返り荷は、コンキスタドーレス（征服者たち）が先住民のあいだで掻き集めた金が中心であった。結果的には、アメリカは銀の生産で世界経済に決定的な影響を及ぼすことになるものの、当初、スペイン人がめざしたのは、黄金郷そのものであり、ねらいは金にあった。しかし、このような金はたちまち枯渇したため、スペイン人は、これに代わる「金の山」を求める必要があった。必要なものは、世界市場で売りさばくことのできる「世界商品」だったのである。

しかし、稠密な人口をもち、高い生産性を誇る農業を展開していたアジアとは違って、アメリカには「寄生」すべき広域商業ネットワークもなければ、香料のような生産物もなかった。したがって、スペイン人は、現地でみずから生産を組織する必要に迫られた。つとに、コロンブスは、第二回目のアメリカへの航海において、砂糖キビの苗をアメリカに運んだ。のちにカリブ海一帯が一大プランテーション地帯として、砂糖生産のメッカとなるのは、銀鉱山の開発以上に、予め計画されたことであった。

2 エンコミエンダと先住民

ともあれ、砂糖キビの栽培や銀山の開発にあたって、その労働力確保の手段となったのが、エンコミエンダである。エンコミエンダとは、スペイン国王が一定範囲の土地とそこに住む先住民を、特定の私人（スペイン人）に「委託」する制度である。委託された私人、つまりエンコメンデーロは、その土地と労働力を自由に利用する権限を得ると同時に、住民を保護し、文明化すなわちカトリックのキリスト教への改宗をさせる義務を負った。しかし、義務のほうはほとんど本気では果たされなかったから、先住民は新たにもち込まれた病気や苛酷な労働のために、つぎつぎと死滅した。その有様は、かの有力な聖職者ラス・カサスらの批判するところとなった。先住民の保護をうったえたラス・カサスの主張は、先住民が「劣等人種」であるかどうかをめぐるセプルベーダとの「バリャドリ大論戦」などを通じて、本国では、しだいに受け入れられていった。しかし、植民地の現状は、むしろ広義のプランテーションにおける、砂糖や銀のような世界市場目当ての「世界商品」の生産においては、先住民が、労働力として十分に機能しえないことがはっきりしたことによって、「保護」がなされるようになったというほうが当たっている。当初、三〇万人はいたといわれるカリブ海の先住民たちは、一五四〇年代には絶滅してしまった。事実、アメリカ先住民の「人間性」を声高にさけんだラス・カサスにしても、先住民に代わる労働力として、黒人奴隷を導入することには、反対しなかったのである。

エンコミエンダ制度は、本国スペインの制度として考えれば、一種の封建所領のようなものだということができる。国王から広大な土地を下封され、その土地に緊縛された農民を労働力として用いることによって、大規模な生産活動を行う組織という意味である。しかし、本国の封建制度がそうであったように、このようなシステムのもとでは、エンコメンデーロはしだいに自立的な傾向をもち、本国の支配から離れる傾向をもつ。それが地球の裏側でのことであることを考えれば、なおさら、権力の分散化は避けがたい。そのうえ、こうなると、あとからアメリカに渡ったスペイン人は、自己の土地を確保するためにますます奥地に進出することになり、それだけ遠心化の傾向も強くなる。したがって、たとえ、ラス・カサスの熱のこもった説教がなくても、早晩、スペイン王室がエンコミエンダの発達を阻止しようとしはじめたであろうことは間違いない。こうして、十六世紀末までには、エンコミエンダはほぼ消滅するのである。

ところで、世界システム論の立場からみれば、エンコミエンダとは何だったのか。それは、世界システムの中核部に銀や砂糖キビのような「世界商品」を供給するための生産組織であり、労働力徴募のシステムであった。これらの商品の生産は、あくまで「世界市場」に向けられたものであったのだから、地域市場を相手にした封建社会の生産組織などではなかった。十六世紀東ヨーロッパの「再版農奴制度」は、中世の農奴制度とは違って、近代の「資本主義的世界システム」の「周辺」における生産の一つのかたちであった。同様に、南北戦争以前の合衆国南部における黒人奴隷制度も、奴隷制度だからといって古代の生産形態なのではなく、産業革命期のイギリス綿織物工業に原棉を供給する、まさに「資本主義的世界システム」の生産機構であった。エンコミエンダもまた、まさにいま生まれ出ようとする「近代世界システム」の「周辺」地域の生産機構の一つだったのである。もっとも、その能率があまりにも悪く、頼りにすべき先住民が労働力として十分に機能できなかったために、システムの外部、つまりアフリカから導入した別種の強制労働、すなわち黒人奴隷制とそれに基づくプランテーション制度によって代位されていくのである。

もっとも、スペインは西アフリカに拠点をもっていなかったために、一五一六年からアシエントと呼ばれる奴隷供給契約を商人と結んで、労働力の導入に力を入れた。この契約は、商人の側からいえば、きわめて利益の大きい利権となったため、以後数百年にわたって、国際紛争の大きな原因となった。

3　メキシコとペルーの征服と「開発」

それにしても、スペイン領アメリカが、ヨーロッパ経済にとって、まず決定的な意

表4-1　アメリカ銀のヨーロッパへの流入（年平均／万kg）

年　代	1531〜40	1551〜60	1571〜80	1591〜1600	1621〜30	1641〜50
流入量	0.86	3.03	11.18	27.07	21.45	10.56

E. J. Hamilton による。

味をもつようになったのは、銀山の開発によってであった。コルテスによるメキシコ（ヌエバ・エスパーニャ）の征服、ピサロによるペルーの征服に続いた、一五四五年のポトシ銀山の発見が決定的であった。技術的には、一五七〇年代に普及した水銀アマルガム法が銀の産出量を激増させ、一五四〇年代に一〜二万キログラム程度であったものが、一五八〇年代には一〇万キロを超え、一六〇〇年ごろのピーク時には年間二七万キロに激増した。この銀供給がいかに大きなものであり、それがいかにヨーロッパ経済を変容させたかについては、あらためていうまでもないが、伝統的な見方にはいくつか、修正を要する部分もある。

ひとつは、この時代の世界の貴金属流通のなかでは、日本の銀の動きが大きな役割を果たしたということである。小葉田淳によれば、この時代の日本の銀輸出量は、年間二〇万キログラムに達していたという。ポルトガル人やオランダ人の極東貿易は、しばしばこの日本との貴金属の取引益によって、採算がとれていたのである。

また、ヨーロッパに流入した銀は、ヨーロッパでは貨幣素材となり、ヨーロッパ人の通商活動を活発にしたうえ、アジア貿易の対価となったことはよく知られている。ただ、アメリカ銀が、「価格革命」の名を与えられたこの時代のヨーロッパの物価上昇の主因であったという説は、異論が多くて簡単には認められない。

4 ブラジルの砂糖

ところで、十六世紀にアメリカ開発に従ったのは、スペイン人だけではない。ブラジルにおけるポルトガル人の活動もあった。スペイン領のエンコミエンダ経営者に当たる者は、ここではドナトーリオスと呼ばれた。ブラジルは、近世のヨーロッパ諸国で強い需要のあったログウッドと呼ばれる染料などの産地として知られていたが、まもなく北部で砂糖プランテーションが広がり、十六世紀末には、早くもその数が三〇〇ほどに達したといわれている。ドナトーリオス制度もまた、ポルトガル本国の封建制度が新世界に移転されたものなどというよりは、資本主義的世界システムによる南アメリカ開発の一つの経営形態であったというべきである。

ともあれ、十六・十七世紀の境目になると、ヨーロッパで急速に消費の増えはじめた砂糖の大半が、ブラジルでつくられ、リスボンかアムステルダムで製糖されたもの、ということになった。しかし、そもそもポルトガルの対外進出には、イタリアからきたユダヤ人の資本が大きな役割を果たしていたことが知られているが、このころになると、独立を宣言して間もない新興のオランダ資本が、しだいにブラジル経済を内部から侵食していたことには、注目すべきであろう。このほか、初期のブラジルでは、タバコ栽培も盛んであったが、砂糖に押されて目立たなくなっていった。

5　世界帝国への野望と挫折

近代世界システムの成立と、その最初の結果としてのアメリカ銀の流入は、ヨーロッパの政治にはどんな影響を与えたのだろうか。

近代世界システム成立以前のヨーロッパは、事実としての分散的な権力の存在と、他方での普遍的な支配の理念が共存する奇妙な世界であった。すなわち、ローマ教皇庁と神聖ローマ帝国は、それぞれに聖・俗のもち分を分かちながら、いずれも少なくとも理念的にはヨーロッパ世界全域を「普遍的」に支配するものと、「自負」していた。神聖ローマ皇帝は、イギリスやフランスの「国王」と並ぶ者ではなかったのである。ローマ教皇が「キリスト教世界」の「普遍的」支配を当然のこととしたことは、いうまでもない。

近代世界システムが成立すると、その経済的余剰の分け前を得るためには、強力な国家機構が必要となり、絶対王政のかたちを取る地域が多くなった。しかし、政治や権力にかかわる理念はなお混乱しており、十六世紀前半の段階では、いまやアメリカまで拡大された世界システムの全域を「普遍的」に支配しようとする試みが生き残った。この動向の主役となったのが、神聖ローマ皇帝カール五世でもあったスペイン王カルロス一世と、彼と神聖ローマ皇帝の位を争ったフランス王フランソワ一世とである。この二人は、ヨーロッパ世界の「普遍的」支配権をめざして「イタリア戦争」を執拗に展開した。ローマ教皇庁の所在地を押さえることが、野望達成のために不可欠とみられたからである。

しかし、のちの世界システムの歴史にとって決定的なことは、この「イタリア戦争」には、ついに勝者がなかったということである。グローバルな世界システムを政治的に統合し、官僚と軍隊を配置して支配すること、つまり世界帝国にすることは、結局、経済的に引き合わなかったのである。世界の政治的支配を狙った二人の君主は、どちらも財政破綻をきたし、失脚した。とくに、膨大なアメリカ銀の供給を背に受けたはずのカール五世にさえ、宗教改革にともなうドイツの混乱をおさめ、広大な世界を支配する財政力はなかったのである。一五五六年、帝国は分裂し、カールは退位する。その長子フェリーペ二世は、なお、ネーデルラントをも相続したが、五七年には自ら破産を宣告せざるをえず、ネーデルラントは独立に走った。同年、フランス国王もまた、破産を自ら認めざるをえなかった。ハプスブルク家とヴァロワ家は、いわば世界帝国の形成競争のなかで、共倒れとなったのである。

一五五九年にいたって、フランスとスペインが、イギリスを交えて締結したカトー・カンブレジ条約によって、世界帝国への夢を捨てたのは、けだし当然のなりゆきであった。一五八〇年、スペインは、ポルトガルを併合し、形式的には、「陽の没することなき」帝国といえるものを形成したが、すでにオランダは独立の寸前にあり、イギリスも、フランスも、スペインの支配下にはなかった。むしろスペイン帝国の内部自体が、オランダ資本などの侵食を受けていたのである。

6 世界システムのなかのスペイン

スペインとポルトガルが切り開いた「大航海時代」は、世界の一体化、つまり、大西洋や北海をもまたぐ大規模な分業体制を意味する近代世界システムの成立をもたらした。この世界システムを政治的に支配しようとした、カール五世らの試みは失敗した。膨大なアメリカや日本の銀を獲得したにもかかわらず、このような世界を政治的に「統合」することは、「引き合わなかった」のである。近代世界システムの全史を通じて、その出発点で得られたこの教訓に挑戦する者がいなかったわけではない。ナポレオンやヒトラーをあげることもできるかもしれないし、問題はあろうが、あるいは、かつての国際共産主義の動きをこのようにとらえることもできるかもしれない。しかし、これらの試みはいずれも失敗に終わった。近代世界システムは、経済的分業体制——「世界帝国」に対して「世界経済」と呼ぶ——としてしか存続しえないのである。

第5章　「十七世紀の危機」

十七世紀には、ヨーロッパをはじめ世界全体が危機的な状況にあったとされ、世界システムは収縮の局面に入った。この時期にイギリス・フランス・オランダ三国が、トルデシリャス条約によるスペイン・ポルトガルの世界分割に挑戦するが、なかでも、まず独立直後のオランダが、世界経済のヘゲモニーを確立することになる。

1 「危機」は存在したか

かつて、十七世紀ヨーロッパの経済が「全般的危機」の状態にあったと論じたのは、E・J・ホブズボームであった。マルクス主義者であったホブズボームの議論は、本質的にマルクスの経済発展に関する理論を、この時代の歴史にストレートに適用したものであった。すなわち、彼によれば、十六世紀のヨーロッパは、人口増加や物価上昇、セビーリャの文書で確認できるスペインの対アメリカ貿易、デンマークとスウェーデンのあいだのエアーソン海峡関税帳簿によって確認できる東西ヨーロッパ貿易の大発展などにみられる「拡張の時代」、つまり「好況期」であった。しかし、この「発展」は、東ヨーロッパの「再版農奴制」にみるように、あくまで「封建制度」の枠のなかの出来事であった。西ヨーロッパにしても、「絶対王政」という封建的な権力のもとに置かれていたのである。このような枠（つまり「封建的生産関係」）のなかでの発展（マルクス主義の用語でいう「生産力の成長」）は、おのずと天井に突き当たる。それが、一六二〇年代からの「停滞」ないし「危機」である。

こうして、世界的に貿易活動は停滞し、ヨーロッパ各地に反乱や動乱が起こる。イギリスのピューリタン革命とそれにまつわるスコットランドやアイルランドの反乱、名誉革命、フランスのフロンドの乱、カタルーニャなどスペイン各地の反乱などである。スウェーデンにもクーデターがあり、遠くロシアにも、ステンカ・ラージンの一揆がみられた。

ところで、ホブズボームの見解からすれば、「危機」は「封建的生産関係」の危機だったのだから、それを脱するには、社会の基盤をなす生産関係を、近代的・資本主義的なものに一挙に変えることしかない。生産関係の激変は、いうまでもなく革命である。つまり、「ブルジョワ（市民）革命」によって社会の体制を一段階すすめることだけが、この「危機」に対する処方箋《せん》であり（「発展段階論」）、正しい処方箋を書いたのは、フランスでもスペインでもなく、イギリスであった。十七世紀後半以後、イギリスがオランダ、フランスを撃破して、世界の主導権を握り、「世界で最初の産業革命」にいたるのは、まさしくイギリスが「世界で最初の市民革命」に成功したためであった。これが、ホブズボームの議論であった。ここでいう、イギリス市民革命とは、十七世紀中葉のいわゆるピューリタン革命と一六八八年の名誉革命を想定するのが一般的であった。

しかし、H・R・トレヴァ＝ローパーなど、全ヨーロッパ的な「危機」の存在は確認しながらも、「危機」の本質はまったく違うと考える歴史家も少なくなかった。トレヴァ＝ローパーによれば、「危機」の兆候は、ホブズボームのいうような経済や政治の面ばかりか、社会にこそみられ、中世的な魔女裁判やほうき星信仰のような非合理的なものが復活した、という。繁栄の十六世紀を支えた「体制」は、絶対王政の宮廷であり、その宮廷はルネサンス的な奢侈《しゃし》に彩られていた。官僚制度と常備軍という絶対王政の二本柱そのものが、きわめて「高くつく」道具立てであった。こうして、王室の「奢侈」を支えるために、財政改革が不可欠となったが、それに成功しなければ、租税強化以外に方法はなかった。結果は、奢侈的な宮廷につながり、甘い汁を吸う「宮廷派」と、重い租税負担にあえぐ「地方派」に、社会を二分することになった。

前者がルネサンス的であったとすれば、後者は禁欲と勤勉をモットーとするピューリタン的な思考法に傾いていったのも当然である。「危機」の本質をこのようにみたトレヴァ゠ローパーは、リシュリューやコルベールなどの財政改革者を登用したフランス王室こそが、この「危機」に正しく対応したのであり、だからこそ、その王室は政権を維持し続け、逆に、チャールズ一世のもとで、改革を怠ったイギリス王室は、「革命」を引き起こしてしまったのだ、という。

イギリス一国史ないしイギリスとフランスの比較史といった国別史の次元でいえば、近年急速に盛んになりつつある「財政・軍事国家」論——十七・十八世紀のイギリス国家が、フランスよりはるかに重い税をとりながら、国民の不満をあまり招くことがなかったという——が、両者の議論を総合することに成功するかもしれない。

しかし、ここでの問題は、世界システムにとって、どうだったのかということである。何が「危機」だったのかといえば、それはまさしく「近代世界システム」そのものが「危機」だったのである。十七世紀には、北西ヨーロッパを核とする「近代世界システム」すなわち、グローバルな分業体制は、ほとんど拡大しなくなった。エアーソン海峡関税帳簿とセビーリャ文書がそのことを証明している。たとえば、十七世紀はじめには、アメリカから流入する銀の量はたしかに減少した（ただし、世紀後半のデータについてはいくぶんあやふやなところがある）。

一国史のレヴェルでいえば、スペインやポルトガルに代わって、オランダ、イギリス、北フランスが、対外進出を果たしていったことはいうまでもない。しかし、彼らはすでにイベリア半島の両国が手をつけた場所に展開しただけで、新たな世界が開かれたわけでもない。十七世紀に新たにこのシステムに組み込まれた地域は、限られていたのである。

このシステムの中核地域は、イベリア半島からアルプスの以北に移動したとはいえ、システム全体としては、東ヨーロッパやラテンアメリカなど、「周辺」部から得られる経済的余剰、つまり中核諸国が分割すべきパイそのものが拡大しなくなったのである。必然的に「中核」地域においては、パイの分け前をめぐる競争、つまり「中核」国としての生存競争が始まった。競争の道具となったのは、ほかでもない「重商主義」と呼ばれる一連の保護政策であった。イギリス航海法も、コルベール時代のフランスの排他主義も、いずれもこのような観点からみられるべきものである。

2 世界システムの「ヘゲモニー国家」

このような競争に際して、まず大成功を収めたのはオランダであった。十六世紀に成立し、今日、地球全体を覆っている近代世界システムの歴史上、その中核地域のなかでも、圧倒的に強力となって他の諸国を睥睨《へいげい》するようになった国を、「ヘゲモニー国家」と呼ぶ。その国の生産物が、他の中核諸国においても、十分な競争力をもつほどになった国家のことである。近代世界システムの全史において、ヘゲモニー国家は三つしか存在しなかったと考えられる。第二次世界大戦後からヴェトナム戦争までのアメリカ、十九世紀中ごろ、ヴィクトリア女王のもとで「イギリスの平和（パクス・ブリタニカ）」を確立した時期のイギリスのほか、十七世紀中ごろのオランダがそれである。時代は、世界システム全体にとっては、「危機」の時代であったが、そのなかで、独立直後のオランダが、圧倒的な経済力を確立したのである。

ヘゲモニーは、まず第一次産業の生産活動から始まる。十七世紀のオランダは、もっぱら商業国というイメージが強いが、その実態は農業の「黄金時代」であり、また、ヨーロッパ最大の漁業国でもあった。オランダは、たしかに食糧を自給することはなく、東ヨーロッパやイギリスからの大量の穀物輸入に頼っていたが、他方では、干拓《かん》がすすみ、付加価値の高い近郊型農業――染料をはじめとする工業用原料や野菜、花卉《き》などの栽培に集中する――を発展させたのである。北海のニシン漁を中心とする漁業は、あまりにも強力で、イギリス漁業はまったく太刀打ちできなかった。

3 「ヘゲモニー国家」オランダ

戦後の日本の歴史学においては、オランダの歴史は、イギリスのそれとの対比で「近代化の失敗例」とみなされ、その失敗の原因を求める研究が中心であった。中継貿易を中心にした経済の仕組みがその弱点であった、といわれたものである。しかし、現実のオランダは、世界で最初のヘゲモニー国家として、イギリスにも、フランスにも、スペインにも、とうてい対抗しようのないほどの経済力を誇ったのである。

十七世紀中ごろのヨーロッパでは、工業生産でもオランダが圧倒的に優越していた。その中心は、ライデン周辺の毛織物工業とアムステルダムに近いハーレムなどの造船業、マース河口の蒸留酒産業などであった。

生産面での他国に対する優越は、世界商業の支配権につながった。ポルトガル領のブラジルでも東アジアでも、オランダ人の姿がみられるようになった。政治的な支配がどのようになっていようと、オランダ人は世界中いたるところにその存在を示すことになったのである。こうした世界商業の覇権は、たちまち、世界の金融業における圧倒的優位をオランダにもたらし、アムステルダムは世界の金融市場となった。オランダの通貨が世界通貨となったのである。のちのイギリスやアメリカの例でもわかるように、世界システムのヘゲモニーは、順次、生産から商業、さらに金融の側面に及び、それが崩壊するときも、この順に崩壊する。たとえば、十九世紀末のイギリスでも、生産面ではドイツやアメリカに抜かれたにもかかわらず、ロンドンのシティが世界金融の中心としてとどまっていたし、ヘゲモニーを喪失した現在のアメリカにしても、なお、世界の基軸通貨はドルであるのと同じである。

4 「螺旋《らせん》形の成長」——造船とバルト海貿易

とすれば、オランダのヘゲモニーは、どのようにして成立したのか。一言でいえば、そこにみられるのは、螺旋形の相乗効果である。たとえば、圧倒的に優秀な造船業を確立したことから、オランダは漁業と商業で圧倒的に有利になった。ニシン漁に使われたハリング・バイスと呼ばれる、船上で塩漬けの加工ができる特殊船はイギリス漁業関係者の垂涎《すいぜん》のまとであった。しかし、それ以上に効果があったのが、オランダがバルト海貿易用に開発したフライト船である。この型の船は、小人数で大量の積み荷を安価に運ぶことができたために、価格の割に重かったり体積の大きい木材などを扱う「かさばる貿易」と呼ばれたバルト海貿易では、圧倒的に経済効率がよくなった。その結果、エアーソン海峡関税帳簿でみるかぎり、バルト海貿易では、オランダはライヴァルであるイギリスの一〇倍もの船舶を動かすことができたのである。オランダの海運運賃は、イギリスの半額程度であったといわれている。

しかも、このバルト海貿易こそは、近代世界システムの中核となった西ヨーロッパと、その「周辺」つまり従属地域となった東ヨーロッパを結ぶ幹線貿易であったわけで、世界システムそのものの生命線であった。東ヨーロッパは、西ヨーロッパに穀物を供給し、また重要な造船資材——マスト材をはじめとする木材、ピッチ、タール、帆布など——のほとんどを供給した。したがって、オランダは、造船業が発達し、優れた船をつくることができたので、バルト海貿易で圧勝したのだが、バルト海貿易をにぎったから造船業で優位に立つこともできたのである。木造家屋が多く、戦争にも、貿易にも木造船が使われた時代であってみれば、木材を含む造船資材はのちの鉄にも匹敵する戦略物資であったのだ。この時代にアムステルダムで取引された商品の四分の三は、「母なる貿易」と呼ばれたバルト海貿易関係のものであったといわれる。

こうした優位は、世界商業にも反映され、十六世紀末に成立した多数の東インド会社を統合して、一六〇二年につくられた連合東インド会社は、イギリスのライヴァル会社をものともしなかった。資本金もケタが違っていたが、何よりも、十七世紀中ごろまでのイギリス東インド会社は、継続性の薄い、一時的な性格の強い会社でしかなかったからである。

オランダの、というよりアムステルダムの商業上の優越は、レヘントと呼ばれた有力ブルジョワ、つまり商人貴族の階層を生み出し、金融面での優越につながった。こうして、アムステルダムこそは、世界中の資金が集まる場所となり、金利のもっとも低い金融市場となった。個々の商人はもとより、ヨーロッパ各国の政府がこの市場で資金を借りようとしたのは当然である。とすれば、この金融市場をいつでも利用できたオランダ人が、造船業や世界的な商業活動でも、植民地の鉱山やプランテーションの開発――ポルトガル領ブラジルでの砂糖プランテーションのように――においても、資金面で他国の同業者よりはるかに有利な立場に立つことになったことはいうまでもない。

さらに、こんなこともある。世界商業と金融の中心となったアムステルダムは、必然的に情報センターともなった。安価な資金と十分な情報からして、海上保険の掛金率も、アムステルダムで圧倒的に低くなり、外国船でさえ、ここで保険を掛けるようになった。逆にいえば、金融・保険業などの「みえざる収益」の点でも、オランダは圧倒的な力をもつようになったのである。

とはいえ、ヘゲモニーの状態は長くは続かない。オランダ、イギリス、アメリカ合衆国の場合は、いずれも真の意味のヘゲモニーは、半世紀とは続かなかった。ひとつの要因は、ヘゲモニー国家では生活水準が上昇し、賃金が上がるため、生産面での競争力が低下することにあろう。

5 「ヘゲモニー国家」のイデオロギー、リベラリズム

オランダにかぎらず、ヘゲモニーを確立した国は、イデオロギー的にも、特徴的な傾向を示す。すなわち、圧倒的な経済力を誇るヘゲモニー国家は、必然的に自由貿易を主張するのである。この時代のオランダでは、有名な国際法学者グロティウスが「海洋自由」論を唱えたことは、よく知られていよう。圧倒的に強い経済力を誇る国にとっては、自由貿易こそが、他の諸国を圧倒できるもっとも安上がりな方法なのである。同じことは、十九世紀の「ヘゲモニー国家」イギリスにも、二十世紀のアメリカについてもいえる。アメリカが自由貿易、より広くは自由主義の使者であったのは、そのヘゲモニーが確固としているあいだだけであったことは、ごく近年のこの国の政策をみれば明白である。

それにしても、自由主義を標榜するヘゲモニー国家の首都（中心都市）は、実際に、

世界中でもっともリベラルな場所となる。したがって、そこには、故国を追われた政治的亡命者や芸術家が蝟集《いしゅう》することにもなる。こうして、アムステルダムが、のちのロンドンやニューヨークと同じように、亡命インテリの活動の場となり、画家をはじめ、芸術家の集まる町となったのも当然である。

第6章　環大西洋経済圏の成立

この章では、十六世紀末から経済的危機に陥ったイギリスが、カリブ海や北アメリカにおける植民地形成に向かい、その結果、貿易の爆発的な展開をみた(商業革命)ことを論じる。また、この現象が、イギリスの社会構造を転換させ、産業革命の展開の前提となったことを明らかにする。

1 イギリスにおける「危機」

近代世界システムのなかで、イギリスはどのような役割を果たすのだろうか。この問題を考えるためには、十六世紀はじめのイギリスが、なおヨーロッパの辺境に位置する一小国であって、のちにヘゲモニー国家となるオランダも存在していなかったことを知っておく必要がある。政治的にも、テューダー朝絶対王政の基盤を固めたヘンリ八世にしても、政略結婚によってスペイン王室から王妃を迎えざるをえない状況だったのである。文化や流行の点でも、多くの有能な若者がイタリアなどに留学し、ルネサンスの息吹を伝えていた。

経済的にみても、この時代のイギリスは典型的な「低開発」の状況にあった。輸出は、事実上、毛織物のみからなっていたが、その毛織物は未完成品でしかなかった。仕上げ業は、ファッションの中心である大陸——はじめは、アントウェルペン、のちにアムステルダム——でやるのでなければ、ヨーロッパ全域に通用する商品とはならなかった。

ところで、イギリスでも、十六世紀は「価格革命」の時代であった。この一世紀の間に、物価はおおむね四〜五倍に跳ね上がった。十四・十五世紀には、物価は一般に停滞していたから、この上昇はかなり衝撃的なものであったようにもみえる。しかし、この物価騰貴は、何に起因していたのか。かねていわれるような、アメリカからスペインへの銀の流入が、主要な原因とはとうてい考えられない理由がいくつもある。たとえば、スペインからイギリスに大量の銀が流入した気配はない。また、イギリスの銀貨鋳造量が、この時代に特別多いわけでもない。

むしろ、決定的な事実は、商品別の物価上昇幅に大きな差があったということである。一五五〇年から一六五〇年までの物価上昇は別表(表6-1)のとおりである。小麦を食糧、羊毛を工業用原料、「建築職人

表6-1　イギリスの物価上昇(1550〜1650年)

商品	小麦	生活コスト	羊毛	毛織物	日当
上昇幅	249%	181%	162%	148%	126%

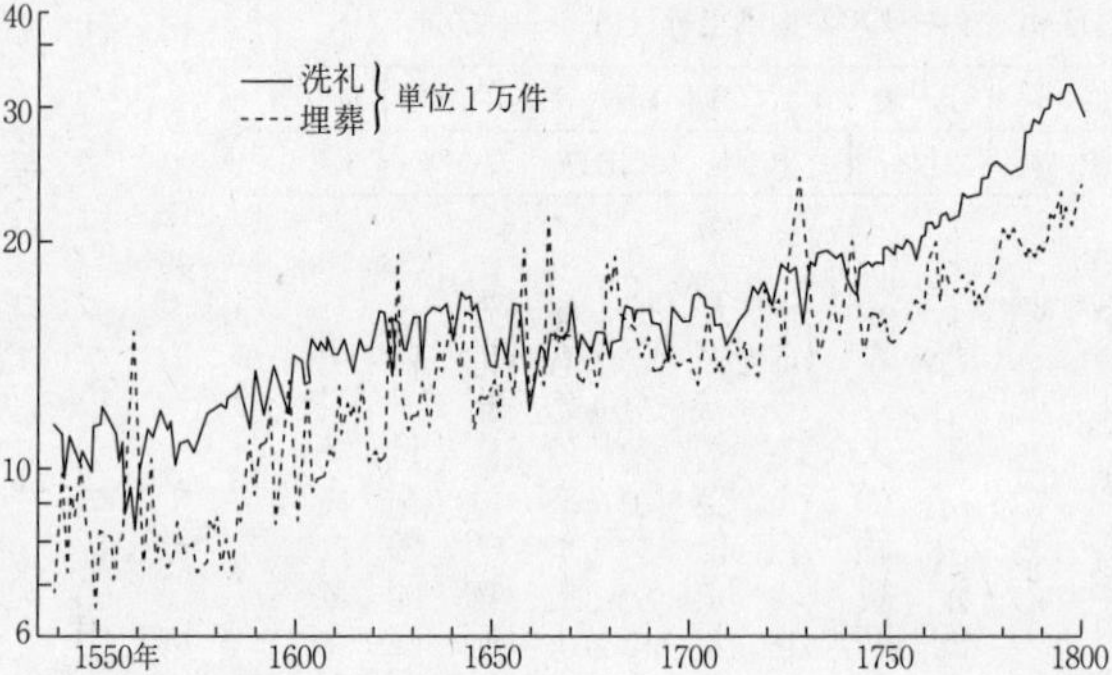

〔出典〕 E. A. Wrigley and R. S. Schofield, *The Population History of England 1541-1871*, 1981, App. 4, Table A4-1, Column 6.

図 6-1　404教区のデータをもとにしたEnglandの出生（洗礼）・死亡（埋葬）件数推計

の」日当を賃金、すなわち、労働力の価格と考えれば、これらの数値は、何を意味することになるだろうか。

この問題を考える前提として、当時のイギリス経済には、次のような条件があったことを知っておかなければならない。すなわち、①アイルランドへの植民や湿地帯の干拓などが多少行われてはいたが、ウォルター・ローリによるアメリカ植民は成功せず、基本的にイギリスの国土はほぼ一定の枠内にあったということ、②十七世紀末以降のような農業革命も進行せず、単位面積当たりの農業生産性は大きくは変化しなかったこと、③それでいて、基本的な食糧も（建築や造船の素材であれ、羊毛であれ）あらゆる原材料も、木材を含む植物ないし牧草に依存する家畜に頼っていたことである。最後の点はとくに重要で、人やモノの移動にも、もっぱら馬が使われるなど、基本的な経済活動は、すべて狭いイギリスの国土の表面に生育する植物に依存していたことになる。むろん、鉄もしだいに使われるようにはなったが、石炭を燃料としては錬鉄はつくれなかったため、木炭が不可欠であった。十六世紀のイギリスが、木炭生産のために森林を失った（「森林の涸渇」deforestation）ことは、よく知られている。

上記の表の数値は、このような条件のもとにある経済に激しい人口増加が起こったとすれば、説明がつきそうである。激しい人口増加があっても、すでに良質な農地の余裕はないから、食糧価格が跳ね上がる。小麦の生産と工業用原料である羊毛の生産や、動力源としての馬の飼育とは、互いに競合するから、羊毛の価格が食糧についで急騰する。たほう、人間は相対的に過剰となり、労働力の評価（日当）はあまり上がらない。むしろ、失業者が町にあふれ、エリザベス一世は救貧法を出して対応しなければならなかったほどである。羊毛と労働力を使って生産される毛織物は、その中間の価格上昇幅にとどまった、というわけである。

2 三つの「危機」脱出法

こうしてみると、イギリスにとって「十七世紀の危機」は、人口増加や経済成長が、いわばエコロジカルな天井に突き当たったことからきたことになる。したがって、このようなデッド・ロックを脱出する方法としては、さしあたり三つの可能性があった。

第一に、農業革命によって、単位面積当たりの収穫量を激増させることができれば、問題は解決する。事実、十七世紀末以降のイギリスでは、ノーフォーク農法と呼ばれる新農法を中心とする改良によって、大規模な穀物輸出が可能にさえなっていく。また、植物への依存をやめ、鉄と石炭という鉱物資源に転向することも可能であった。これこそ、狭義の産業革命の道である。この方法の基本になったのは、いうまでもなく、十八世紀初頭にA・ダービーによって完成されたコークスによる製鉄法である。こうして、鉄が石炭でつくられるようになったうえ、その後のワットやスティヴンソンの努力によって、鉄でつくられた線路の上を、石炭を食う鉄の馬を走らせることが可能になった。蒸気機関車と鉄道の発展は、まさしく植物資源からの決定的な脱出を意味したのである。

しかし、「十七世紀の危機」に対して真っ先に展開された対応策は、国土、すなわち植民地を拡大し、貿易関係をヨーロッパ外世界に広げることであった。

3 「イギリス商業革命」

「十七世紀の危機」は、むろん、貿易が好調であれば、資源やエネルギーを外国から輸入する方法によって、避けることができたはずである。しかし、残念ながら、十六世紀後半から次の世紀の前半にかけて、イギリスの輸出はひどく停滞していた。かねてイギリスは、ロンドンからアントウェルペンに向かう毛織物輸出に賭けていたが、スペイン支配下のこの世界市場は、一五三四年にヘンリ八世がスペイン出身の王妃を離縁したうえ、宗教改革を宣言して、カトリックの守護神をもって任じたスペインとの関係が悪化していった結果、イギリス商品に対して閉ざされた。さらに、トマス・グレシャムの通貨改革のためにポンドの価値が上がってしまった結果、大陸からみてイギリス製品は割高となり、十六世紀半ばから輸出は急落してしまう。やがて、オランダの独立とともに、主要輸出市場はアムステルダムに移行するが、当面、混乱は避けられなかった。

しかし、このような行き詰まりは、十七世紀中期――いわゆる「ピューリタン革命」と直接関係していたとは思えないが――を転機として、決定的に変化する。この変化は、貿易・海事史の大家であったR・デイヴィズにならって「イギリス商業革命」と呼ぶ。

「商業革命」の要素は三つあった。一六六〇年の王政復古からアメリカ独立戦争直前の一七七五年までの一世紀あまりのうちに、①貿易の規模が、それまでとは対照的に、劇的な上昇を記録して倍倍ゲームとなり、②これまで、トルコの地中海沿岸のほかは、ヨーロッパの内部にかぎられていた貿易相手地域が、カリブ海・北アメリカの植民地を中心に、東インド会社の活動したアジア、奴隷貿易の展開したアフリカに急展開し、アメリカ独立の直前には、アジア・アフリカ・アメリカの新市場のほうが、ヨーロッパとの交易を上回るほどになってしまう。イギリスは、世界で最初の産業革命に成功したために大英帝国をつくりあげたのではなく、帝国を前提にしたからこそ、産業革命に成功するのである。別のいい方をすれば、世界システムの中核にのしあがることで、産業革命の基盤ができたのである。

さらに、③こうした変化を反映して、取引される商品も劇的に変化した。伝統的にほとんど唯一の輸出品であった毛織物は、強力な競争力を維持しており、その品種を変えて完成品になり、着実に伸びてはいたが、逆にいえば、劇的な成長はみられなかった。これに対して、激増した輸出品は、イギリスの貿易統計では把握できない奴隷貿易を別にして、毛織物以外の「雑工業製品」と「〔タバコ・茶・砂糖・綿織物などの植民地物産の〕再輸出」と農業革命を反映した「穀物」とであった。「雑工業製品」は、綿織物やリネンなどの繊維製品から、鍋《なべ》・釘《くぎ》・農具などの金属製品、書籍や家具のような生活用品からなっていた。この三種類の商品、とくに綿織物を含む「雑工業製品」と「再輸出」は、いずれもほとんどゼロから始まって、アメリカ独立の直前には、それぞれに毛織物を越えるほどのシェアを獲得した。それだけ、毛織物の比重は低下したのである。

つまり、「商業革命」は、イギリスの貿易の爆発的成長を意味したが、その実態は、主に奴隷制プランテーションで生産される「世界商品」となった植民地物産の、奔《ほん》流《りゅう》のような輸入を原動力とするものであった。表面上は、「貿易」というかたちをとったアメリカは、イギリスにとって、ポメランツのいう「幻の耕地」(ゴースト・エイカリッジ)となり、東欧とともに、砂糖、木材、そしてのちには棉花という、圧倒的な土地生産物をもたらしたのである。「幻の耕地」という言葉はともかく、こうした考え方は、私たちにはなじみのものである。植民地物産の大量輸入がプランターたちに購買力を与え、イギリス製品の購入を可能にした。ヨーロッパ大陸には売れない「雑工業製品」が、植民地に大量にさばけていったのは、このためである。これらのイギリス商品は、アメリカやカリブ海におけるプランターの生活を「イギリス化」する役割を果たした。たほう、砂糖やタバコのような植民地物産の生産には、大量の奴隷供給がなされたし、輸入された植民地物産の一部は国内で消費され、次の章で取り上げる「生活革命」を引き起こした。しかし、残りは「再輸出」されて、最初の「雑工業製品」輸出の利益を実現したのである。ここには、イギリス工業の多様化と、植民地の保護市場の意味の大きさが表現されているともいえよう。

ただし、このような「イギリス商業革命」全体の背景には、カリブ海とアメリカ南部における奴隷貿易と奴隷制プランテーションの拡大があったことを忘れてはならない。反スペイン感情に駆られ、経済性を無視してクロムウェルが占領したジャマイカが、砂糖キビの導入によって「イギリスの宝」となったのも、奴隷制度があればこそであった。

4 商人文化の成立

ところで、「商業革命」が展開すると、イギリス国内では貿易商人の地位にも大きな変化が起こった。十七世紀はじめまでのイギリスでは、大地主である貴族とジェントリ（合わせて「ジェントルマン」と呼ぶ）が支配階級を形成したのにたいして、商人や製造業者は「卑賤」な階級とみなされ、ジェントルマンが商業を行えば、ジェントルマンの資格を失うとみなされていた。このような考え方は、フランスでも「デロジャンス（貴族の資格喪失）」として知られ、当時のヨーロッパではふつうのことであった。しかし、十七世紀半ばからの「商業革命」が展開すると、外国貿易商（当時の英語でmerchantとは、貿易商のことであった）の地位は急速に改善され、製造業者などとはまったく異なった社会層となった。こうして、十八世紀のイギリスは、地主ジェントルマンと商人の支配する国となった。航海法と穀物輸出奨励金制度（のちの穀物法につながる政策）がその政策的な柱であった。

「商業革命」はまた、当然のこととして、ロンドンやブリストルのような港町を発展させた。ほとんど目立たない小集落であったリヴァプールが大都会に発展したのは、その典型であった。こうして従来は考えられなかったほどの大都会が成立した結果、都市的な生活文化が広がった。この点については、次にくわしく議論する。

5 「イギリス商業革命」の意味

イギリスが世界システムの中核にのしあがったことの反映が、「イギリス商業革命」であった。アジアでもそうだが、とくに奴隷貿易を基軸とする環大西洋ネットワークの中心にイギリスが座ったことが、ここに反映されているのである。イギリスがこのような地位に到達する過程では、「危機」で少なくなった世界システムの経済的余剰の争奪戦（伝統的ないい方では「重商主義戦争」）が展開されたが、イギリスは十七世紀の三度にわたる対オランダ戦争、一六八九年以来、断続した対フランス戦争——植民地百年戦争——につぎつぎと勝利することで、このような地位を獲得したの

表 6-2　商業革命（17・18 世紀イギリス）　（単位：1,000 ポンド）

年	1640L	1663/69L	1699/1701L	1699/1701E	1752/54E	1772/74E
a′ 毛織物	(1,107)	1,512	2,013	3,045	3,930	4,186
a″ 雑工業製品	(27)	222	420	538	2,420	4,301
a 製品	(1,134)	1,734	2,433	3,583	6,350	8,487
b′ 穀物	(17)	1	59	147	899	37
b″ 非穀物		61	79	341	519	535
b 食料品	(17)	62	138	488	1,418	572
c 原料	(35)	243	202	362	649	794
A 国産品輸出計	(1,186)	2,039	2,773	4,433	8,417	9,853
B 再輸出計	(76)	—	1,677	1,986	3,492	5,818
総輸出額（A + B）	(1,262) 1,346	—	4,450	6,419	11,909	15,671
総輸入額	1,941	3,495	4,667	5,849	8,203	12,735

〔注〕 L: ロンドンのみ、E: イングランドとウェールズ。（　）内はイギリス人のみによる取引。

〔出典〕 R. Davis, "English Foreign Trade, 1660-1700", *Econ. H. R.*, 2nd ser., Vol. VI, 1954; id., "English Foreign Trade, 1700-1774", *Econ. H. R.*, 2nd ser., Vol. XV, 1962; その他。1640 年の数値は F. J. Fisher のものをもとに、川北が推計。

である。

とすれば、何ゆえにイギリスはこれらの戦争に勝利したのだろうか。結論からいえば、その秘密は、軍事費を早急に、しかも豊富に供給しえたイギリスの財政能力にあった。イギリスがヨーロッパ最高率の税を徴収しながら、フランスのように国民の強い不満を引き起こさなかった事情は、近年、「財政・軍事国家」論として、おおいに議論されている。しかし、忘れてはならないことは、十八世紀のヨーロッパ金融市場で、なお強大な力をもっていた前のヘゲモニー国家オランダの資金が、フランスなどではなく、圧倒的にイギリスに流れたということである。ヘゲモニー国家の三つの次元での優越のうち、金融面でのそれが最後まで残ることには、すでにふれた。旧ヘゲモニー国家オランダの金融面での優位を利用したイギリスが、フランスとのヘゲモニー争いで圧倒的に優位となったのである。イングランド銀行の創設と議会制度が信用の基礎となり、イギリス政府の国債は、フランス国王のそれより、はるかに「安全」とみなされたからである。十七世紀後半のイギリスにおける財政・金融にかかわる変化は、「財政革命」として知られている。

第7章　ヨーロッパの生活革命

商業革命が展開するにつれて、ヨーロッパには、アジアやアメリカの新奇な商品が流入した。これにともなって、ヨーロッパ人の生活が一変したことを、イギリスにおける綿織物の消費や紅茶の普及を例にとりあげて説明する。こうして近代ヨーロッパ人の生活様式が成立し、生活必需品となったアジア商品の国産化の過程として、工業化が進行することを示唆する。

1　イギリス風ライフスタイルの成立

ひとは、「典型的なイギリス人」と聞いたとき、どんな人物を想像するだろうか。シルクハットにフロックコート、こうもり傘《がさ》をもち、葉巻かパイプをくゆらせたジェントルマンの姿であろうか。彼はおそらく、紅茶に砂糖を入れて一日何回か飲むことであろう。しかし、ここでいう、傘もタバコも紅茶も砂糖も、エリザベス一世がイギリスの国王の位に登った時代、つまり十六世紀までのイギリスにはほとんど存在しなかったものである。したがって、われわれが「イギリス的」と考える生活様式は、せいぜい過去二〇〇～三〇〇年のものであり、しかも、この間に外国、というよりヨーロッパ外の世界から流入したものであった。

前にみたように、これまでほとんど増えなくなっていた貿易の総量が、十七世紀後半の半世紀で三倍ほどに増え、さらに十八世紀はじめの六〇ないし七〇年間にも、また数倍に増えた。まさに「商業革命」という名にふさわしい増え方である。それは、別の表現をすれば、イギリスの「近代世界システム」の中核国への昇格を意味した出来事である。そのうえ、これまでトルコのほかは、ヨーロッパ諸国にかぎられていた貿易相手が一挙に変化し、十八世紀半ばには、アジアやアメリカやアフリカとの取引がヨーロッパとのそれに匹敵するほどになってしまい、取引される商品も、輸出では、これまで毛織物にかぎられていたのが、綿織物などを含む雑多な製品、穀物、植民地物産などを柱とするようになった。

しかし、いうまでもなく、その際、もっとも変化したのは輸入品のうちわけであった。糖蜜を含む砂糖、北アメリカのヴァージニア植民地などからのタバコ、インドからのキャラコなどと呼ばれた綿織物、生糸や絹織物、それに中国の茶など、アジアやカリブ海を含むアメリカからの輸入品が激増したからである。

たとえば、砂糖は、世紀の中ごろからまずバルバドスに、ついでジャマイカに砂糖革命が起こったため、イギリスの輸入量は飛躍的に増え、一六四〇年ごろであれば、とるにたりなかった砂糖の輸入量が、一六六〇年代には、イギリスの輸入全体の一割近くを占めるにいたった。一七〇〇年ごろまでには、さらに倍増し、一七七〇年ごろまでには、さらに四倍に増えた。十八世紀中ごろには、イギリス人は平均するとフランス人の八〜九倍の砂糖を用いる国民になってしまったのである。砂糖と同じように、茶の輸入もはげしく増加した。というより、茶の場合は、はるかに劇的であった（茶は密輸が多く、公式の貿易統計はあまり信用できないが）。さらに一七七〇年から七〇年後には、一〇〇倍となった。

イギリス特有の茶に砂糖を入れる習慣は、こうして定着していったのだが、産業革命時代の一論者のつぎの言葉はたいへん象徴的である。

「われわれイギリス人は、世界の商業・金融上、きわめて有利な地位にいるために、地球の東の端からもち込まれた茶に、西の端のカリブ海からもたらされる砂糖を入れて飲むとしても（それぞれに船賃も保険料もかかるのだが）、なお、国産のビールより安上がりになっているのだ」と。

つまり、「砂糖入り紅茶」に象徴される「イギリス的生活習慣」の成立は、こうして、イギリスが「帝国」を形成し、「世界システム」のトップに位置したことの結果だったのである。ヨーロッパとアジア・アメリカ・アフリカをつなぐ交易のリンクができあがり（「商業革命」）、イギリスがその中心に座ったことで、イギリス人は、世界中の人びとが生産したものを、もっとも安価に手に入れることができるようになったのである。「茶に砂糖を入れる」という破天荒な思いつきは、このような「幸福な」立場に立ったイギリス人にしかできなかったことなのである。近代イギリスに特有の生活文化は、世の「イギリス好き」の人たちが慈しみをこめて語るような、無垢なものではない。その陰には、無数のアフリカ人奴隷とアジアの貧しい農民たちの、涙と汗の労働があったことを忘れるわけにはいかない。

それにしても、イギリス人はなぜ茶に砂糖を入れるという、破天荒なことを考えついたのだろうか。エリザベスとシェイクスピアの時代以来、イギリス人にとって、外国物産、とくにヨーロッパ外の物産は、一種の「ステイタス・シンボル」の役割を果たしていた。それは、イギリスがなお、ルネサンスの発祥地たる大陸諸国にくらべて、「後進的」と意識されていたことの反映でもあった。

とくに、このころからだんだん豊かになってきた商人たちは、自分たちの財力を誇るために、ぜいたくをほしいままにしたから、その上の社会層にあたる貴族やジェントリたちは、それ以上にぜいたくな生活をしてみせなければ、体面を保つことができなかった。このような派手な消費生活の競争は、邸宅の建て替えやファッションの面ではなはだしかったが、十七世紀初頭に、ジェイムズ一世が身分によって消費生活を規制する法律を全廃してしまうと、ますます激化した。

しかも、この時代には、アントウェルペンなどの国際的な市場から、アジアやアメリカ・アフリカなどの珍しい商品が輸入されはじめたから、貴族・ジェントルマンや豊かな商人たちは、競ってこうした「舶来品」を使ったのである。外国からきたもの、とくにアジアやアメリカからきたものは高価だっただけに、何でも「ステイタス・シンボル」になりやすく、タバコでさえ、はじめは上流階級のしるしとして利用されたのである。茶や砂糖はその典型であった。紅茶に砂糖を入れれば、「ステイタス・シンボル」を二つ重ねることになり、圧倒的な「ステイタス・シンボル」となりえたといえよう。イギリスでは、茶を飲む習慣が王室から始まったことも、この傾向を強めた。

「商業革命」で茶や砂糖など、ヨーロッパ外の商品が大量に供給されるようになると、この傾向はますます社会の下層にまで及ぶ。こうして、「近代世界システム」とその作用を示す「商業革命」とは、イギリス人のあいだに「生活革命」——つまり、われわれが「イギリス的」と感じる生活様式の成立——をもたらすことになったのである。そのような「生活革命」を推進するうえで、大きな役割を果したのが、コーヒー・ハウスであった。

2 コーヒー・ハウスと近代文化

「近ごろロンドンで、やたらと目につくコーヒー・ハウスなるものはいたって便利である。そこでは、あらゆる種類の情報が得られる。それに、そこにはすばらしい暖炉があって、お望みとあればいつまでそこに座っていてもよい。コーヒーを一杯飲んで、友人たちと談笑して、たったの一ペニーで済む」。十七世紀の末にロンドンを訪れたある外国人は、このような観察を残している。

現在のロンドンには、喫茶店というものがないので、ちょっと不思議な感じがするが、十七世紀の後半から十八世紀にかけて、ロンドンをはじめとするイギリスの都市では、コーヒー・ハウスというものが大流行し、ここを拠点として、近代文化の諸局面が展開した。コーヒー・ハウスなくして、近代世界の文化はありえなかったかもしれないのである。

イギリスで最初のコーヒー・ハウスは、一六五〇年に大学町のオクスフォードに誕生したが、その二年後にはロンドンにもでき、たちまち大流行となった。一七〇〇年前後になると、ロンドンだけで数千軒が営業していたといわれる。

コーヒー・ハウスでは、むろんコーヒーが売られたが、そこでは、これもヨーロッパ外からきたエキゾティックな飲料であった紅茶やチョコレートも売られた。これらの飲み物には、かならず砂糖が入れられたので、コーヒー・ハウスは砂糖を売るところでもあったといえる。タバコなど、海外からきた目新しい飲み物や嗜好品がここに集合していた。

3　情報センターとしてのコーヒー・ハウス

しかし、コーヒー・ハウスは何よりも、人びとの社交の場、情報センターであった。

紫煙もうもうとした一室で、この時代のイギリス人たちは、友好をあたため、情報を交換し、互いに批判し合い、議論し合ったのである。そこでは、多少の身分や経済力の違いは問題にしない「自由」の雰囲気があった。その結果、近代の文化といえるようなもののほとんどが、このコーヒー・ハウスから生まれることになったのである。コーヒー・ハウスやそこで提供された砂糖や紅茶やコーヒーは、いわば近代文化の誕生を助ける助産師のような役割を果たした。

じっさいに、コーヒー・ハウスで生まれた組織でもっとも有名なものは、科学者が集まった、今日に続く王立協会である。科学者ロバート・ボイルや建築家クリストファー・レンが、その創始者である。のちにはニュートンも、この協会の会長をつとめた。十七世紀後半のイギリスでは、彼らを中心に多くの科学者が出現し、物理学をはじめ近代科学の基礎が確立したので、歴史家はこれを「科学革命」と呼んでいる。

情報交換は、科学の情報にかぎられたわけでは毛頭ない。一般にコーヒー・ハウスでは、情報産業、つまり新聞や雑誌が発達した。このころはじめて誕生した新聞は、そのニュースをほとんどコーヒー・ハウスに集まった人びとから取材していたし、新聞そのものも、コーヒー・ハウスでだれかが大声で、読んで聞かせるものであった。

コーヒー・ハウスで交換された情報は、経済にも重要な意味をもった。この時代は、イングランド銀行という、日本でいえば日本銀行に当たるような銀行が創設され、国債や株のような証券類が世の中に出まわりはじめた時代であった（「財政革命」と呼ぶ）が、株などの価格についての情報もここに集まったので、ここから証券会社や銀行、保険会社なども生まれた。著名なロイズ保険組合も、こうして誕生した。「財政革命」の意味については、のちに再度触れることにする。

コーヒー・ハウスが株や国債などの証券の取引で大きな役割を果たしたことは、世界の歴史に残る経済上の大事件によっても、証明された。一七二〇年に起こった「南海泡沫事件」がそれである。スペイン領の南アメリカ植民地と貿易をする会社として、南海会社が創設されたのは一七一一年のことであった。この会社の株が急騰したことを軸として生じた異常な好景気が、一七二〇年の「ガラ（株価の暴落）」によって一挙に崩壊したのが、「南海泡沫（サウスシー・バブル）」事件である。今日のいわゆる「バブル」の語源は、ここにある。この事件にこりたイギリス議会は、以後一〇〇年間にわたって、株式会社を禁止することになる。

十七世紀後半、海軍省の高官で、公私にわたる生活の様子がわかる生き生きとした日記を残したサミュエル・ピープスは、ほぼ、毎日、ときには一日に何度も、コーヒー・ハウスに通っていた。彼はそこで、科学や芸術にかんする教養を身につけただけでなく、公的にも、私的にも、彼のいう「有益な」つまり、「儲かる」情報をも得たのである。

4 文学・政治とコーヒー・ハウス

文学や芝居、音楽の話をするコーヒー・ハウスもたくさん出てきた。文学作品についての評価がコーヒー・ハウスの談笑のうちに決定された。このころ、イギリスでは、ダニエル・デフォーやジョナサン・スウィフトが現れ、さらには「小説」という文学の新しい分野も生まれた。小説という文学ジャンルの出現にも、コーヒー・ハウスは大きな役割を果たしたといえよう。

コーヒー・ハウスで生まれたもので、もう一つ重要なものに政党がある。王政復古期には、トーリとウィッグという二つの「党派」が生まれ、政党政治の基礎が築かれた。トーリ派は、国王やイギリス国教会の権力や権威の強化に傾き、貿易商人やとくに大規模な地主貴族などからなっていたウィッグ派は、国王より議会の発言権の強化を考えていた。トーリ派は、オランダやフランスとの対立を避け、自由貿易を支持したが、ウィッグ派は、貿易戦争と植民地の拡大をねらった。つまり、ウィッグ派は、世界システムの主導権を握ろうとしたのにたいして、トーリ派は、世界システムからの「隠遁《いんとん》」を理想としたといえよう。前者が、「財政革命」によって発行された高率の利子つき国債を保有し、戦争や植民地支配で利益を得られたのにたいして、後者は、その利子支払いのための、これも高率の税負担にあえいでいたからである。しかし、現実には、十八世紀第2四半期には、ウィッグ派の独裁が成立した。このため、イギリスはますますフランスとの対抗を強め、「世界システム」のヘゲモニー争いを展開し、植民地を増やしていった。

5 輸入代替としての産業革命

近代のイギリス人の生活スタイルをつくりあげた「商業革命」の主役は、茶や砂糖ばかりではなかった。インドからもたらされた綿織物（キャラコ）も、その一つであった。十七世紀末のイギリスでは、キャラコの消費が一大ブームとなり、「インド熱」とさえ呼ばれた。毛織物にはない軽さと、鮮やかなプリントが可能であること、洗濯が容易で清潔であることなどが、ブームの前提であったが、むろん、東インド会社の巧妙な販売促進戦術やこの時代の全般的なエキゾティシズムも、おおいに関係していた。それにしても、このブームはあまりにも強く、危機感を抱いた伝統産業たる毛織物工業界の猛反発を招いた（キャラコ論争）。一七〇〇年と一七二〇年の二度にわたって、インド産キャラコの輸入や使用が禁止されたのは、このような背景からである。

しかし、たほうでは、世界で最初の産業革命は、綿織物工業から展開する。詳しく論じる余裕はないが、この意味で、イギリス産業革命は、つぎのような手順で生じたといえる。まず、イギリスが世界システムの中心の地位を固める過程で、カリブ海や北アメリカでアフリカ人奴隷が生産した植民地物産やアジア物産が、イギリス国内に引き起こした「生活革命」があり、そうして成立したイギリス人の生活様式に不可欠なもの、たとえば、輸入綿織物を国産品に置き換える、いわゆる「輸入代替」が起こった。それが産業革命のスタートである、と。綿織物は、奴隷貿易の主要な商品となっていたうえ、カリブ海植民地で多少の棉花がつくられたため、主要な奴隷貿易港となったリヴァプールの後背地マンチェスターは、この輸入代替産業の立地としてベストであった。

第8章　砂糖王とタバコ貴族

ここでは、植民地に基礎をおく富裕な階級の成立を、プラッシーの戦い以後のインドの状況やカリブ海・北アメリカ植民地の事情を中心に検討する。それと同時に、北アメリカ、アジア、ラテンアメリカのヨーロッパとのかかわり方の違いを、それぞれの地域の現況との関係を念頭におきつつ検討する。

1 アメリカ東海岸の過去と現在

一七〇〇年前後における、赤道以北のアメリカ東海岸を思い浮かべていただきたい。まず、赤道から北回帰線のさらに北にかけて、カリブ海植民地が展開する。ここでは、アフリカからつれてこられた黒人が奴隷として使われ、砂糖キビプランテーション一色のモノカルチャー地帯となっている。さらに北にいくと、北アメリカ大陸の南部植民地（ヴァージニアやメリーランドなどのタバコ植民地）があり、タバコのプランテーションが展開する。労働力は、当初、白人の年季奉公人が主体であったが、しだいにアフリカからの黒人奴隷に依存する傾向にもあった。年季奉公人とは、ヨーロッパで食い詰めた人間が、アメリカへの渡航費をプロモーターに代弁してもらって移民し、その代わりに一般に四年程度の年季契約をした一種の債務奴隷で、植民地時代にイギリスをはじめとするヨーロッパからアメリカに移住した人びとの過半数を占めていた。

最後に、ニューイングランド（北部）植民地があり、ここでは、かつての歴史学が異様に理想視した「ヨーマン」的自営農民の世界が展開していた。つまり、カリブ海と南部植民地には、「世界商品」があったために、プランテーションが成立し、プランテーションの労働力として、何らかの強制労働が導入されたのにたいして、「世界商品」を生産しなかったニューイングランドは、イギリスの資本にとって「投資に値しない」、「無用な植民地」だったのである。

ところで、これらの地域の現状はどうか。カリブ海が現代世界における典型的な「低開発地域」（「途上国」と丁重に表現してもあまり違いはない）となっていることは、あらためていうまでもない。かつては希望の星とみられたカストロのキューバも、経済的苦況は覆うべくもないし、トゥーサン・ルーヴェルテュールの指導が実って、一八〇四年にフランスから独立し、西半球における最初の黒人の独立国となった輝かしい歴史をもつハイチも、世界でもっとも悪質とさえいわれた独裁政治が永く続き、経済水準は極度に低い。

大陸の植民地であった地域が南部も北部も、いまはアメリカ合衆国となっていることはいうまでもない。しかし、そのアメリカ合衆国内部にも「南北問題」があり、南部の経済水準が低いこと、その他社会的にも、南部にはより多くの問題が含まれていることは、よく知られているところである。つまり、過去の歴史的な状況が、今日のそれぞれの地域の状況に明らかにつながっているのである。

2 「無用な」植民地

世界システムの従属地域は、中核地域からみて、何らかの有用な意味をもっているのでなければならない。イギリスなど、北西ヨーロッパと同じような気候条件で、同じような産物しかもたないニューイングランドは、必然的に「無用な」植民地とみなされた。投資に値しない植民地は、当然関心を向けられずに放任される。この植民地が、プランテーションではなく、「ヨーマン的」世界となったのは、そうした状況の反映であった。

したがって、イギリス政府やイギリスの資本が、この植民地に「世界商品」をもたせ、「有用な」植民地に転換しようとしたのは当然であった。重商主義時代、つまり「商業革命」時代のイギリスにもっとも欠けていたものの一つが、マスト材、ピッチ、タール、帆布などの海軍造船資材であった。これらの資財は、帆布を別にして、すべて森林資源であったから、十六世紀のうちに木炭による製鉄のために「森林の涸渇」を経験したイギリスでは、まったく自給できなかった。しかし、住宅や道具が木造であったばかりか、戦争も商業も、いずれも主として木造船に依存した重商主義時代のこと、材木その他の造船資材すなわち森林資源は、国家の命運を左右するもっとも戦略的な物資であった。実際のところ、イギリスはこれらの物資を、もっぱらバルト海地方とその周辺に頼ったのである。バルト海貿易こそが、イギリス重商主義帝国の生命線であったゆえんである。

しかし、すでにみたように、このバルト海貿易では、オランダの圧倒的優位が確立しており、イギリスはつねに劣勢であった。いわば、ここにイギリス帝国のアキレス腱があったのである。したがって、森林資源に恵まれたニューイングランドが、この海軍造船資材を産出できれば、「無用な」植民地はたちまち帝国の屋台骨となる可能性があった。じっさい、十八世紀はじめには、この目的にそって奨励金制度がつくられ、しきりにこの交易の育成がはかられたのである。しかし、当時、木材のような、かさばる商品を大西洋を越えて安価に運ぶ海運技術は存在せず、この計画は挫折した。それどころか、むしろ、ニューイングランド自体に、本国の工業と競争する造船業の展開を引き起こし、本国イギリスの立場からすれば最悪の事態となった。ニューイングランドは、「無用な」どころか「有害な」植民地となったのである。かりに、奨励策が成功してニューイングランドが造船資材の供給地となっていたとすれば、そうした「世界商品」の生産には、大量のイギリス資本が注ぎ込まれ、何らかの意味での「強制労働」が導入されたことであろう。そうなれば、二十世紀のニューイングランドもまた、多少とも「低開発」の傾向をもつ土地となったことであろう。世界システム論の描く、歴史のイメージはこのようなものである。

しかし、とすれば、とくに、等しく「世界商品」（英語ではステイプルともいう）」をもった南部の植民地とカリブ海との違いは、どこからきたのだろうか。問題の条件は二つあった。プランターの不在化の可能性の有無と、イギリスから他の地域への再輸出の可能性の問題、いいかえれば商品のもつ国際競争力の問題である。

3 「砂糖王」と「タバコ貴族」

「タバコ貴族」という言葉がある。ヴァージニアなどのタバコのプランターがいかに豊かだったかを示す証拠である。彼らは植民地においてイギリスのジェントルマン階級を真似た生活様式を維持し、名士として活動した。しかし、タバコ・プランターたちが「貴族的」であったというなら、カリブ海の砂糖プランターたちは「王様」であった。じっさい、イギリス西南部で、不在化してイギリスに住み着いていた砂糖プランターの馬車とすれちがった国王ジョージ三世は、そのあまりの豪華さに憤慨して、「関税はどうした、関税は」と首相ピットをなじったというエピソードも残っている。

十八世紀のイギリスでは、不在化したカリブ海の砂糖プランターとインド帰りのお大尽(いわゆるネイボッブ)は、大金持ちの双璧であった。これほど豊かであっただけに、砂糖プランターはその多くが不在化した。プランテーション社会であったカリブ海の状況は、白人の定住植民地ではなかった東インド、つまりアジアとは違っていたが、現地にいたイギリス人が、成功すると帰国したという点では共通していたのである。

この点では、むしろ、同じプランテーション社会とはいえ、カリブ海の状況は、タバコ植民地とは違っていたともいえる。

不在化は、まず成功したプランターの子弟の教育から始まった。人口の圧倒的部分を黒人奴隷が占める灼熱のカリブ海には、ほとんどまともな学校もなかったから、プランターたちは競ってその子弟をイギリスに送り込んだ。砂糖の取引相手となったロンドン商人などが、こうした子弟の教育を引き受けた。彼らは必然的に、パブリック・スクールからオクスフォードやケンブリッジへという、ジェントルマン教育のコースに送り込まれる。つまりは、ジェントルマンである友人たちに囲まれて育つということである。しかも、イギリスで育った子供たちは、お金というものは見たこともない地球の裏側から自然に送られてくるものと思い込む。こうして彼らは、働かないで上流の生活を送る「疑似ジェントルマン」とでもいうべきものになっていくのである。

このようにジェントルマン化したプランターの子弟は、そのままイギリスに住み着くから、プランテーションを引き継いでも、不在化したままとなる。その代わりに、彼らはイギリスの政界に進出する。十八世紀中ごろのイギリス議会（庶民院）には四〇人くらいのカリブ海関係の議員が数えられている。東インド会社関係の議員集団と並ぶ二大派閥であった。このように、不在化して本国議会に強大な勢力を築いたカリブ海の砂糖プランターたちは、東インド会社の場合と同じで、議会に強力な圧力をかけ、イギリス領カリブ海植民地の砂糖を徹底的に保護させた。高率の砂糖関税が、最大の成果であった。

アメリカ大陸の十三植民地が独立を宣言したとき、カリブ海の植民地は同調しなかった。ジャマイカをはじめとするカリブ海植民地は、アメリカ合衆国の一部とはならず、イギリス植民地としての立場を二十世紀まで保ったのである。十三植民地が独立に際して用いたスローガンの一つが「代表なくして課税なし」というものであったことはよく知られていようが、不在化のすすんだカリブ海は、本国議会で「代表されすぎていた」わけで、したがって、保護されすぎてもいたのである。あえて独立の道を選ぶ意味はまったくなかった、といえよう。

これに対して、タバコ植民地はどうか。「タバコ貴族」たちは、ほとんどだれも不在化しなかった。気候条件がカリブ海よりはよかったことや、タバコの栽培が他人まかせにはできないことなどを理由にあげる研究者もあるが、最大の理由は、プランテーションを現場監督にまかせて不在化できるほどの金持ちにはなれなかったということである。じっさい、先にふれたように、砂糖プランターとタバコ・プランターでは、その財力に「王様」と「貴族」ほどの落差があったのである。不在化できなかったタバコ・プランターたちは、七年戦争の経費を植民地に負担させようとした印紙法やタウンゼンド諸法に反対せざるをえず、「代表なくして課税なし」のスローガンには、心から同調できたはずである。

ところで、プランターが不在化するか否かは、現地の社会・経済の発展に大きな影響を与える。不在化したプランターは、プランテーションを「金のなる木」としか意識しないから、現地には、道路も学校も公園もつくることはない。上下水道のような生活基盤でさえ、整備されにくい。これに対して、プランターが在地であれば、彼らが彼ら自身のためにつくる施設のかなりの部分が、いわば共通の社会資本となりうる。プランターがつくった道は、奴隷も歩けるからである。こうしてみると、不在化の進行したカリブ海とアイルランドは、将来の社会発展に大きなマイナスを抱え込むことになった。不在化の進行しなかった北アメリカ南部は、モノカルチャーのプランテーション社会としての歪みは受けたが、社会的資本の整備が、カリブ海やアイルランドより、はるかに進行したのである。現在、これらの地域が示す格差は、ここから説明がつく。

4 再輸出の可能性

イギリス領の砂糖生産は、徹底的に保護されていたといった。じっさい、イギリス領植民地産の砂糖は、十八世紀中ごろには、国際価格、たとえばフランス領カリブ海のそれと比べると、かなりの高価格となっていた。農村票を気にした歴代政府によって、過保護にされてきた日本の米と同じである。したがって、イギリス領産の砂糖は、保護市場となったイギリス帝国内、本国とアイルランドとカリブ海、北アメリカなどでしか売れず、もし輸入関税が下げられでもすれば、同じカリブ海のサン・ドマングやガドループやマルチニクでつくられたフランスの砂糖には、とても対抗できないものになっていた。この点からしても、イギリス人の砂糖プランターには、国際競争にさらされることが必定の、独立に走るべき理由はまったくなかったのである。

これに対して、タバコはほとんどイギリス領植民地の独壇場であった。ヴァージニ

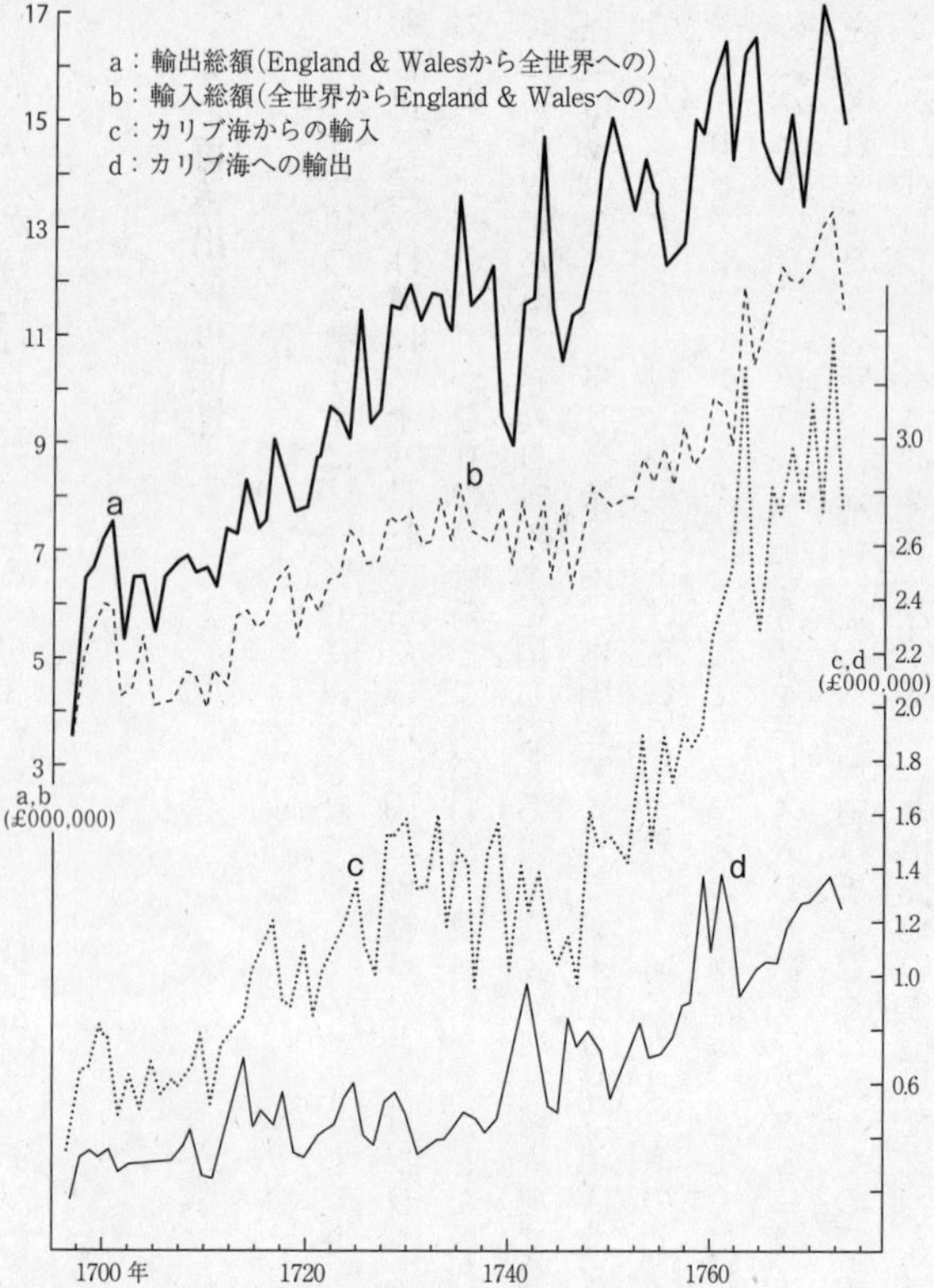

〔出典〕 Sir Charles Whitworth, *State of the Trade of Great Britain*, 1776. part I より計算作成。単位10万ポンド。

図8-1　イギリスの対カリブ海貿易

アやメリーランドのタバコは、イギリスに輸入されたもののうち、圧倒的な部分（七〇～九〇パーセント）が、フランスなどに再輸出されていたのである。タバコ植民地にとっては、航海法によって、その生産物の輸出のすべてをひとまずイギリスに向けることを強制されていることは、苦痛以外の何ものでもなかった。独立は、この不便を解消し、たとえばフランスへの直接輸出の道を開くことになるかもしれなかったのである。

したがって、それぞれのステイプル（世界商品）のもつ国際競争力の違いもまた、独立をめぐる二つの地域の態度の差につながったことは間違いない。

5 脱イギリス化と独立運動

そうはいっても、タバコ・プランターたちも、ほんらいはイギリスの上流階級、すなわちジェントルマン階級の生活に憧れ、イギリス風生活様式の模倣に熱中していたことも事実である。彼らがアメリカに渡ったころには、なおイギリスでも砂糖入り紅茶やキャラコの使用は一般的ではなかったから、いわば「生活革命」はあとから追いかけてきたものである。十八世紀中ごろのアメリカ植民地が膨大な「雑工業製品」を吸収し、イギリス「商業革命」に一つの特徴を与えたことはすでにのべた。この現象こそは、タバコ・プランターをはじめ、余裕のできた植民地在住者の生活様式の「イギリス化」、したがって価値意識の「イギリス化」を示しているのである。十三植民地は、いったん「イギリス化」することで、意識や価値観が統合されたのである。

このことは、七年戦争後、印紙法やタウンゼンド諸法に反対する「英貨ボイコット」の運動が意味をもった最大の理由である。「イギリス商品」が植民地の各地にくまなく行き渡り、その消費が一つに統合された価値観に結びついていたからこそ、それをボイコットすることで、全体のきずなが強化されることになったのである。「アメリカ人」のアイデンティティは、砂糖入り紅茶とそれにまつわる文化――茶の作法から、ティー・タオルやカップ、スプーン、砂糖壺など――の、「イギリスの生活文化」を真似ることでいったん統合され、今度は、これを「共同して」拒否することによってかたちづくられたのである。ボストン・ティーパーティー事件が、独立戦争の引き金になったのは当然である。

6　三つの地域

こうして、北アメリカのイギリス領植民地は、南部・北部ともそろって独立を達成したが、カリブ海植民地は参加しなかった。独立国となったアメリカ合衆国は、やがて世界のヘゲモニー国家にまでのし上がる。国家という政治的枠組みは、国内の格差を完全に解消することはないにしても、極度の格差は租税や社会福祉政策などを通じて、解消しようとする傾向がある。この意味では、合衆国の一部となった南部（タバコ）植民地は、カリブ海とは比較にならない経済水準に到達することができたのである。

アメリカ人の歴史家ポメランツが、十八世紀末まで、中国の中心部――長江の中・下流域――が、近代世界システムの「中核地域」である西ヨーロッパと同じような経済水準にあったことを強調していることには、すでに触れた。しかし、近代世界システム、つまり、ヨーロッパ世界システムは、政治的には統合されておらず、イギリスやフランスにとって、「周辺」とはおおむね国外のことであったのに対して、中国の世界システムは、明や清の帝国として、おおかた統合されており、原材料などを供給した「周辺」も、そのほとんどが「国内」にあったことには注目しておかなければならない。このことからすれば、中国の国内格差とされているものは、ヨーロッパ世界システムでいえば、本国と植民地の格差に相当することになるからである。

第9章　奴隷貿易の展開

ここではトリニダード・トバゴの首相でもあった歴史家エリック・ウィリアムズの生涯とその学説を紹介しながら、イギリスの産業革命が、黒人奴隷制度との深い関係のもとに展開したことを論じる。

1 ウィリアムズ・テーゼ

世界で最初の工業化であったイギリス産業革命は、ひとことでいえば、黒人奴隷貿易と黒人奴隷制度の産物であった。黒人奴隷の血と汗をもって、この工業化は達成されたのだと力説したのは、トリニダード・トバゴの独立運動を組織し、初代の首相として生涯その地位にあったエリック・ウィリアムズであった。奴隷貿易は、なかには難破するような船もあったとはいえ、数百パーセントにのぼる利潤を得ることも少なくなく、その利潤が産業革命の財源となった。

さらに、大西洋奴隷貿易は、じっさいには、植民地における砂糖や棉花の生産とそのイギリスへの輸入とも結びついており、いわゆる「三角貿易」のかたちをとっている。まず、イギリス（ロンドン、リヴァプール、ブリストルなど）を出航する船は、火器とアクセサリーのほか安価な綿織物などを携帯し、これをアフリカ西岸の黒人国家を相手に黒人奴隷と交換し、奴隷を積み込んでカリブ海にいたる。ごく初期はバルバドス島が拠点であったが、やがてジャマイカが拠点となる。ここでプランテーションの生産物――砂糖やタバコのほか、一部に棉花があった――を得てイギリスに戻る、というわけである。三角貿易は、棉花の輸入と綿織物の輸出をともに含んでいたので、奴隷貿易で急成長をとげたリヴァプールの後背地マンチェスターに、綿織物工業が展開した。したがって、資金と製品市場の確保、原料供給のいずれの面でも、奴隷貿易を核とする「三角貿易」こそが、イギリス工業化の起源であった。同様の関係は、「西部のメトロ」と呼ばれたブリストルと、バーミンガムの鉄工業などの関係についてもいえる。フランスでも、ボルドーやナントの後背地に多少の工業発展がみられた。

一九四〇年代に、ウィリアムズはこのように主張したのである。このウィリアムズのテーゼは、産業革命の起源を国内の諸条件とせいぜい輸出市場の成長くらいから考えていたイギリス人史家を驚かせ、暴論として反発もうけた。イギリス産業革命は、イギリスの庶民の勤勉な労働と聡明な経営者や科学者や発明家の手によって起こされたのであり、奴隷貿易の影響などとるにたりない、と彼らは主張した。いまでもたとえば、イギリスの歴史家のなかには、P・オブライエンのように、「「イギリスの経済発展にとって」周辺の影響は周辺的」だ、などとして、これを軽視したがる傾向もある。わが国でも、いわゆる「戦後史学」においては、イギリス人、とくにヨーマンと呼ばれた中産的な人びとが、ピューリタニズムの禁欲・勤勉の精神にしたがって働いたことこそが、イギリス産業革命の原因だといわれたものである。

2 大西洋奴隷貿易

しかし、ウィリアムズの主張はしだいに浸透し、いまではイギリス産業革命史に関する「西インド諸島学派」として、大きなウェイトを占めている。そもそも、世界システム論の立場は、彼の主張をおおむね認めるところから始まるといってもよい。ウィリアムズによれば、カリブ海域では砂糖がとれたからこそ、奴隷制度があったのであり、奴隷制度があったから、産業革命があったのである。とすれば、その奴隷制度と奴隷貿易の実態は、どういうものであったのか。

大西洋奴隷貿易に関して、もっとも基礎的で重要な研究課題の一つは、その規模である。「中間航路」でも、現地慣れの過程でも、死亡率がひどく高かっただけに、どのポイントで測定するかによって、結果には当然大きな差も生じるが、十八世紀末になると、「中間航路」での死亡率は給水の改善によって脱水死が激減したために、かなり低下した。それにしても、かつては、まったくの推量で、十六世紀から十九世紀までに大西洋を越えて運ばれた黒人奴隷の人数を、数千万とするのが通例であった。しかし、P・D・カーティンが断片的なデータを可能なかぎり集めて集計する作業を完成していらい、彼のものが基本的な数値となっている。およそ一一〇〇万というのが、そのトータルである。しかし、この数値は、その後しだいに上方修正されており、最近のラヴジョイ推計などでは一二〇〇万ないし二〇〇〇万というのが、ほぼ妥当な推計とみられている。最盛期の十八世紀で、年平均五〜六万人という計算である。総数のおよそ三分の一は長期にわたってブラジルで奴隷制を維持したポルトガルのものであり、一七〇〇年から一八一〇年までの推計をとったR・アンステイによれば、このブラジルに、カリブ海砂糖植民地を中心とする英仏両国領が拮抗していた。

3　ヨーロッパの工業化と奴隷貿易

「ウィリアムズ・テーゼ」の一つの要点は、奴隷貿易そのものが一〇〇パーセント台にも及ぶ高い利潤をもたらすもので、その利潤が産業革命の資金源となったという主張にある。しかし、近年のより厳密な研究では、ウィリアムズの数値は大幅に下方修正されていることも事実である。三桁の利潤などというものは、例外的に大成功した航海の例であって、難破などによってすべてが水泡に帰すことも少なくなかったし、成功しても三〇パーセント程度というのが、平均の利潤率であったという。もっとも、この数値でさえ、当時、これに代わるものとして想定しえた投資先、すなわち国債や土地の抵当証書に比べれば、何倍もの高い利潤率であることは間違いない。土地への投資であれば、年率五パーセント以下であっただろう。奴隷貿易の利潤をもっとも低く見積もっているR・アンスティでさえ、これを一〇パーセント程度としているから、もしこれが(極論して)全額、マンチェスターの綿織物業に流れたとすれば、後者の五〇パーセントに当たったとみられる。

奴隷貿易の収益は、たしかにウィリアムズが想定したほど大きなものではなかったようだし、リヴァプールの個別の商会をみれば、とくにその末期には、倒産にいたったものも少なくなかった。しかし、奴隷貿易は、明らかに西インド諸島の砂糖プランテーションを支えていたわけだから、奴隷貿易の収益はそれだけを切り離して評価するのではなく、少なくとも砂糖プランテーションのそれと合わせて考察する必要がある。この貿易に使われた船舶の建造や輸出品の製造にかかわる波及効果をも見ないわけにはいかないし、膨大な砂糖貿易の利潤も考慮せざるをえない。個々の商人やプランターの利害ではなく、イギリス全体にとっての社会的利害がどうだったのかをみることが不可欠である。

じっさい、この点については、同時代から、植民地は負担だという立場にあったアダム・スミスと、逆に植民地の必要性を説いたエドマンド・バークの論争があり、今日では、計量史の手法を使った論争や、より広くは「植民地経費論争」などが戦わされている。要するに、植民地保有が純経済的にみて、本国にとって利益であったのか、あるいは防衛コストなどからみて、「間違った投資」だったのか、という論争であるが、結論は出ていない。

また、貿易の利潤が、工業化には向かわず、土地投資に向かったという批判もある。「地主ジェントルマン」を至上とした、当時のイギリス社会に特徴的な権威の体系からして、当然予想されることである。しかし、まさしく、P・ケインとA・G・ホプキンズがいうように、イギリス資本主義は地主と金融業者を軸とする「ジェントルマン資本主義」そのものであったことも事実なのだから、それが資本主義の発展に寄与せず、むしろ阻害要因であったというのは当たっていない。

つぎに、奴隷貿易は、イギリス産業にどの程度の市場を与えたのだろうか。ここでも、この貿易をそれだけ切り離して論じることは、ほとんど意味がない。アフリカへの輸出量はそれだけをとると、一見して微々たるもののようにみえる。カリブ海域にしても、十八世紀の前半には、イギリスの製造業にとって、北アメリカの十三植民地より大きな製品市場となっていたが、世紀中ごろからは、北アメリカ植民地人のあいだで、飲茶の風習をはじめとする生活様式の「イギリス化」が広まると、北アメリカ市場の後塵を拝するようになってしまう。しかし、この事実をもって、「三角貿易」がイギリス製品市場として大きな意味をもたなかったとするのもミスリーディングである。

第一、初期の綿織物工業に関しては、この貿易が決定的に重要であったという事実がある。初期の海外綿織物市場は、ほとんどアフリカとカリブ海植民地によって与えられていた。このことの意味は、ふつうに考えられるより、はるかに大きい。というのは、イギリスにおける初期の綿織物工業は、インド産のそれに代わる典型的な輸入代替産業であり、そうであるかぎり、ほんらい国内市場の枠を越えにくいものであったはずだからである。幼弱なイギリス綿工業が「三角貿易」によって、早くから国外に市場を獲得しえたことの意味は大きい。それに、初期においては、棉花のほとんど唯一の供給地がカリブ海であった事実はあらためて指摘するまでもない。

第二に、北アメリカ、とくに、特別の世界市場向けの商品を産出しなかったニューイングランドなどの北部植民地は、カリブ海域への穀物や材木の輸出、ラム酒の取引、海運収入などによって、イギリス商品にたいする購買力を得ていたわけで、カリブ海植民地なしには、北アメリカ北部の植民地はありえなかった。ニューイングランドの植民地は、閉鎖社会を形成しており、ピューリタニズムを信奉するヨーマン的な農民の勤勉によって購買力を獲得したなどというのは、世界システムの作用を見落とした「戦後史学」の大誤解である。独立戦争によって北アメリカからの食糧や木材の輸入が途絶え、船舶不足が深刻になると、カリブ海植民地の経済が打撃をうけ、全システムが危機に陥ったが、これこそシステム全体の相互依存性の証明である。

これらの点を、イギリス経済発展史上とくに重要な意味をもつ一七四八年から七六年までについてみると、この間にイギリスの奴隷貿易、植民地の砂糖生産、イギリスの工業生産がいずれも急速に成長した。とくに、ジャマイカの島内に留保された奴隷の数と、そこからイギリスに送られた砂糖の量には、若干のタイムラグを含んで相関関係がみられ、ブームが確認できる。しかも、アメリカやアイルランドでの生活様式の「イギリス化」にともなう、砂糖入り紅茶文化の普及により、砂糖価格もあまり下落しなかった。

これに対応して、イギリスの輸出貿易のアメリカ・アフリカ向けへのシフトが生じた。穀物や魚類などの輸出が減少し、ミッドランズやランカシアの製品が主体となっていく。まさしく「環大西洋世界市場」の成立である（松井透『世界市場の形成』岩波書店、一九九一年）。この期間には、イギリス国産品の輸出は年平均二八〇万ポンド程度増加していたが、このおよそ半分は、大西洋奴隷貿易を核とする貿易システムによって担われていた。イギリスからのカリブ海・北アメリカ・アフリカ向け輸出は、その九五パーセント以上が「製品」であったことも、注目に値する。

4 アフリカ・カリブ海にとっての奴隷貿易の意味――低開発化への道

アフリカのイスラム圏では、奴隷はごく一般的であり、サハラや北アフリカに輸出もされていた。ブラック・アフリカ自体においてもそれはめずらしいものではなかった。とはいえ、大西洋奴隷貿易の展開によって、奴隷の輸出が主要産業となったことで、西アフリカの国家システムは大きく変形された。大西洋奴隷貿易の展開にともなって、奴隷狩りに好都合な、戦士階級に支配される小国家が乱立する状態が生じた。このため、民衆はイスラム教徒の支配者に保護を求めることになり、この地域のイスラム化を促進することになる。ヨーロッパ人による奴隷の買い取りは、火器や綿布とのバーターが基本であったが、アフリカ現地の多くは、子安貝を通貨としていたために、価値体系を異にする二つの文化圏の接触による異文化間交易の典型として、この交易は文化人類学の研究テーマともなっている。

ところで、大西洋奴隷貿易が展開すると、西アフリカの積出港となった地域では、たしかに若干の経済発展がみられた。たとえば、航海中の奴隷のための食糧調達の必要から、その後背地にはいくらかの農業発展もみられたという。しかし、その発展の度合いはリヴァプールやブリストルのそれには、及びもつかないものでしかなかった。じじつ、アフリカにとってこの貿易は、本質的に労働力の流失そのものでしかなかった。一六五〇年以降の二世紀間で、環大西洋地域の人口に占めるアフリカ人口の比率は、中東への奴隷輸出も重なって、およそ三〇パーセントから一〇パーセントにまで低下した。

とすれば、いずれにせよ、一部の個人や特定の小国が利益を得たことはあっても、アフリカ社会が全体として、奴隷貿易から得たものはほとんどない。むろん、ヨーロッパの技術や商品に接する機会は与えられたし、アメリカからもち込まれたモノもないわけではなかった。とくに、カサバやトウモロコシ、サツマイモなどは、アフリカ社会のその後の食生活に大きな影響を与えた。しかし、それも多くは奴隷用の食糧として移植されたものであることを思えば、人的損失をカヴァーするには遠く及ばなかったはずである。

近代史とは、ヨーロッパによる南北アメリカの開発にともなう、超長期のブームにほかならない、といったのは、アメリカの史家ウェッブである。「三角貿易」に象徴される「奴隷・砂糖貿易」複合こそは、アメリカ開発のテコであった。このテコはまずポルトガル国旗のもとでオランダ人によって利用され、ついでイギリス人とフランス人が利用した。すなわち、一五七五年から一六五〇年にかけて、ブラジルは膨大な奴隷輸入を行って、全ヨーロッパの砂糖需要を賄った。その後、十七世紀前半にイギリス領を皮切りに、カリブ海の「砂糖革命」が進行する。

「砂糖革命」の結果、カリブ海域は基本的に砂糖キビのモノカルチャー地帯と化した。少数の白人支配者が膨大な数の黒人奴隷を使役し、すべての仕組みが、砂糖の効率的な生産のために奉仕させられるようになっていった。ここでは、基本的な食糧さえ自給はされず、社会的資本も整備されることはなかった。道路が整備され、（のちには）鉄道が敷かれることがあっても、それらはすべて砂糖の効率的な運搬のためにつくられたにすぎない。こうした事実は、この地域が決定的に「低開発化」に運命づけられていったことの結果であると同時に、その原因でもあった。

プランテーションにおける奴隷の生活形態などについて詳論する余裕はない。小規模な集団で労働を行ったアメリカ合衆国の黒人奴隷とは異なり、カリブ海の砂糖プランテーションでは、大規模な集団労働がふつうであったから、黒人が白人と接触する機会は比較的少なく、英語やヨーロッパ文化に馴染む機会も少なかったといわれ、そのぶん、独自の文化をつくりあげる傾向が強かった、といえるかもしれない。とくに、レゲエやカリプソのような音楽やダンスの分野では、その傾向がつよくみられた。

しかし、奴隷たちは、アフリカのもとの家族や共同体からは完全に切り離されていただけに、アフリカの生活文化を復元することはできなかった。全体として奴隷解放前のカリブ海は、砂糖キビのモノカルチャーと人種主義的な社会編成に徹底的に塗り潰されていたのである。

第10章　だれがアメリカをつくったのか

この章は、イギリスから北アメリカ植民地への移民の出自を分析し、植民地が貧困・犯罪・家庭崩壊などの、本国の社会問題の解決の場とされたことを指摘する。この傾向は、はるかのちの時代まで継続することをも説明する。

1　社会問題の処理場としての植民地

一九八八年、オーストラリア入植二〇〇周年にあたって、BBCは、第二次世界大戦の戦争孤児で、オーストラリアやカナダ、南アフリカなどに労働力として、いわば「捨てられた子供」たちが、いまや人生の黄昏を迎えて、必死の思いで自己の出自についての情報、いいかえれば、自己のアイデンティティを求めて、イギリスに来ていることを報道した。戦勝国であったイギリスのこのような戦後処理の在り方には、背筋の寒くなるものがある。

しかし、イギリスの歴史をふりかえれば、このような例はさしてめずらしいことでもないことがわかる。イギリス近代史は一貫して帝国ないし世界システムとのかかわりの歴史であり、植民地を社会問題の処理場としてきた歴史でもある。失業者は植民地の労働力となるべきだとみなされたし、非行青少年や犯罪者、売春婦、反体制派、果ては、結婚相手の見つからない女性も、植民地に活路をみいだすことを奨励された。イギリスにとって植民地建設は、このような社会的意味をも十分にもっていたのである。

2 自由移民と年季奉公人

さて、十七・十八世紀のいわゆる植民地時代に、イギリスからアメリカに渡った人びとは、どのような人であったのか。イギリスで宗教上の迫害をうけた中流のピューリタンたち——かのピルグリム・ファーザーズをみよ！——が、信仰の自由を求めてアメリカに渡り、イギリスの抑圧に抗して、自由の国、アメリカ合衆国を建設したなどというのは、のちにアメリカ合衆国の頑強な支配階級となるＷＡＳＰ（白人のアングロ・サクソン系プロテスタント）がでっちあげた「建国神話」にすぎない。じっさい、植民地時代にアメリカに渡ったイギリス（ヨーロッパ）人の過半数——少なくとも三分の二——は、期限付きの白人債務奴隷ともいえる「年季奉公人」であった。彼らはイギリスで食い詰め、アメリカ植民地に最後の生きる道を求めた者であるか、犯罪者として、強制的にイギリスを追われた者かであった。そうでなければ、教区の救貧税で育てられた孤児で、その教区の役人の手で売り飛ばされた者などであった。しかし、WASPの「建国神話」の影響はあまりにも強烈なので、研究史のうえでは、移民の中核をなした年季奉公人に関してさえも、中流説が幅をきかせてきた時期がある。アメリカ合衆国のような立派な国が、イギリスのクズのような下層貧民によってつくられたはずがない、というWASPの「愛国主義」が、しばしば歴史の客観的な評価を妨げたからである。

3　貧民説から中流説へ

年季奉公人の出自については、すでに同時代に、貧民説が定着していた。騙されたわけでもないのに年季奉公人の契約をするのは、しょせんはイギリスで生活のできなくなった「社会のクズ」だというのが、同時代のごく一般的な見方であった。「泥棒、怠け者、売春婦」というのが、決まり文句の評価であった。植民地にはもっとましな人間を送り込むべきだという意見はときどき表明されたが、現実の移民が「中流だ」などという観察は、同時代にはまったくなかった。

このような貧民説は、その後、二十世紀にいたるまで当然のこととして承認されていた。ただし、年季奉公人と自己の資金でアメリカに渡った「自由移民」の比率については、後者をかなり過大評価する傾向が顕著であったために、アメリカ人の尊厳は保たれていたといえるかもしれない。

しかし、二十世紀半ば、アメリカが世界システムのヘゲモニーを握るようになると、このような貧民説はアメリカ人にとって、我慢のならないものとなった。そこで登場したのが、中産階級説である。提唱者は、議論の前提条件として、つとに十六世紀のイギリスに「ヨーマン」と呼ばれる中産階級が大規模に存在したと説いていた。今日では、この学説そのものが承認されにくい。十六世紀のイギリスには、「中流階層」をあらわす言葉――「ミッドリング・ソート」というのが普通――も、存在しなかったからである。

それでも、この年季奉公人移民＝中流説が承認されたのは、同時代人の印象を超えて、歴史学に不可欠な史料の客観的な分析を含んでいたからであった。すなわち、誘拐ではないことを証明するために、プロモーターたちが年季奉公希望者と交わした各種の契約書をみると、中流とみられる職種の者が、貧民の二倍程度になることが示されたのである。したがって、第二次世界大戦後、すなわち、おおむね世界システム内でのアメリカのヘゲモニーが成立していたあいだは、この学説が「通説」の地位を保っていた。アメリカ人は、誇るべきイギリスの独立不羈《ふき》のヨーマンの子孫ということになったのである。

4　貧民社会の縮図

この学説が、ふたたび疑われるようになったのは、アメリカのヘゲモニーの崩壊が明確になった一九八〇年代のことである。批判は、思いがけないところからきた。歴史研究へのコンピュータの導入が、それを可能にしたのである。すなわち、中流説が根拠とした史料の大半が、職業の記載のない人びとをきわめて多数含んでいたことが問題であった。中流説の論者は、この「職業記載なし」集団は「分析不能」として対象とせず、職業の書かれている者のみについて、その職業を「中流」と「貧民」とに

表 10-1　男子年季奉公人移民の職業構成（%）

(1) ブリストル 1654 ～ 1661 年

ジェントルマン	1
ファーマー	27
レイバラー	7
農業以外	15
サーヴァント	2
記載なし	48
計	100

(2) ブリストル 1684 ～ 1686 年

ジェントルマン	—
ファーマー	4
レイバラー	12
農業以外	24
サーヴァント	2
記載なし	58
計	100

(3) ミドルセックス 1683 ～ 1684 年

ジェントルマン	—
ファーマー	9
レイバラー	3
農業以外	16
サーヴァント	10
記載なし	60
計	100

(4) ロンドン 1718 ～ 1759 年

ジェントルマン	—
ファーマー	11
レイバラー	6
農業以外	36
サーヴァント	10
記載なし	37
計	100

〔ギャレンソンの整理したデータを川北が再整理した。出典などは、本文参照〕。
（小数点以下四捨五入）

分類したのであった。しかし、この人びとは、なぜ職業を書かなかったのか。「職業記載なし」集団を一つの集団としてみると、そこには他の職業集団とは截然と区別される特徴がある。というのは、この集団は、①年齢が若く、一〇代か二〇代のはじめであること、②年季が長く、植民地で希求されるような熟練労働者ではなかったらしいこと、③契約書の署名欄からみて、識字率が低く、教養のとぼしい階層であったことなどが、コンピュータ分析で判明したのである。これらの条件をすべて満たす集団を、当時のイギリスに求めるとすれば、何が考えられるか。それは、広く「サーヴァント」と呼ばれた階層しかない。

サーヴァントとは、徒弟や家事使用人のほか、圧倒的多数は農家に住み込んだ未婚の男女のことである。彼らは、いわば一人前ではないから、書くべき「職業」はなかったのである。中世や近世の社会では、職業とは、すなわちステイタスの標章であった。貴族やジェントリはもとより、最下層の物乞いや煙突掃除のような職種であっても、それはそれなりに、一人前の社会人として、社会の階層秩序のなかに位置づけられていることを意味した。したがって、「職業なし」ということは、独立したメンバーとしては、社会に占めるべき位置をもたないということであった。当時の社会は、基本的に「家族」を基礎単位として構成されていたが、その「家族」は使用人、つまりサーヴァントを包摂する概念であった。しかし、家族を社会に向かって代表するのは、戸主のみであって、妻子や使用人は戸主に従属する「家庭内」の存在であり、社会的には「無」であった。妻子や使用人には自己のステイタスはなく、社会的には、「市長の妻」とか「大工の徒弟」とか「ファーマーのサーヴァント」として表示されたのである。戸主のもとを離れて一人アメリカに行こうとした青年には、書くべき「職業」はなかったはずである。

こうして、過半数の「年季奉公人移民」が職業を書かなかったのであり、このタイプの移民の中核は、「中流の職業人」などではなく、「食い詰めた半人前のサーヴァント」だったのである。しかし、サーヴァントというものは、この時代のイギリス社会を特徴づける大きな存在であったから、結局、年季奉公人移民の社会的出自は、ほかでもないイギリス社会の「縮図」であったというべきである。

5　近世イギリス社会における「サーヴァント」

十七・十八世紀のイギリス社会では、サーヴァントはきわめて特異な社会層であった。というのは、この時代のイギリスでは、たいていの子供が十四歳前後に生家を離れ、他人の家にサーヴァントとして住み込んだからである。彼らは、七年から十数年のあいだこのような生活を続け、結婚とともに自立し、日雇いの労働者となるのがふつうであった。サーヴァントであるあいだは、実家の両親というよりは、雇い主の監督をうけたため、雇い主の家族の一員とみなされたことは先にもふれた。このように、サーヴァントという立場は、イギリス人の青少年のおおかたが経験したが、生涯続けるようなものでもなく、いわば一種の「通過儀礼」となっていたという意味で、「ライフサイクル・サーヴァント」と呼ばれている。徒弟は、通常七年の年季で一人の親方のもとにいることになっていたが、サーヴァントのなかでももっとも人数の多かった「農業サーヴァント」は、年雇いで、毎年取り入れが終わると、「雇用の市」で新しい雇い主を探す習慣であった。

ともあれ、サーヴァントは自立した社会的存在とはみなされなかったから、彼らには、書くべきステイタスの表示としての「職業」はなかったのである。さらにいえば、彼らにとって、「年季奉公人」としてアメリカに移民することは、イギリス国内でのライフサイクル・サーヴァントの海外版、ないしその延長でしかなかったことにもなろう。

しかし、この時代の移民史料のなかには、「大工の徒弟」を「職業なし」とせずに、「大工」として分類したデータもある。そうしたデータを用いて調べてみると、「イギリス社会の縮図」説もなお不十分であり、やはり、同時代人がもっていた印象、すなわち貧民説こそが、より現実を表していることがわかる。すなわち、アメリカ独立戦争の直前にあたる一七七三年から七六年にかけて、イギリス政府が全国の港で出国者の調査をしたことがあり、このデータが利用できるのである。このデータは、「修業中」の職種をカウントしているが、それでも、同時代に出版された『就職案内』が中流の仕事としているような職種の人間は、比較的少ないのである。イギリスが、アメリカ植民地を失業対策の場とみていたことは間違いない。

6 天然の刑務所

そのことを、よりはっきりと示すデータがほかにいくつもある。その一つは、戦争と犯罪と刑罰の関係である。十八世紀のイギリスは、世界システムのヘゲモニーをめぐってフランスと断続的に戦争を繰り返した。そのほとんどはイギリス側の勝利となって終わったが、たとえ勝利に終わる戦争であっても、戦争が終わることはたいへん危険であり、識者のあいだでは危惧の念をもって迎えられるのがふつうであった。問題は、戦争帰りの兵士たちが大挙して犯罪者となりかねないことであった。

十八世紀の戦争では、七〜二〇万人くらいの海軍兵士が集められたが、当時の兵士は犯罪者が刑罰逃れに自主的に入隊するか、食い詰めた人間が奨励金を目当てに入隊するかでなければ、「海洋協会」の浮浪者狩りにあったか、公認の人さらい（「プレス・ギャング」という）によって集められた人間であり、事実上、定職も営業資格ももたない若者であった。しかも、軍隊は戦時にはこうした人間を掻き集めるが、平和になると、そのほとんどを解雇したから、平和の到来はたちまち、屈強な失業青年の大群を生み出すことになったのである。ダニエル・デフォーをはじめ、当時の識者の多くが、除隊した兵士はあまりにも危険だから、アメリカ植民地へ送れ、と論じたものである。

じっさいに、戦争と平和のサイクルは、犯罪件数の増減のサイクルと見事に相関している。ふつうの職が得られないために軍隊に入った青年たちは、除隊しても職がみつかるわけもなかったし、数十万という失業者を吸収する力は、当時のイギリス経済にはありえなかったのである。したがって、平和の到来は、とくにロンドンなど、都市部での犯罪の激増をもたらした。

ところで、犯罪者に対する刑罰の点でも、この時代のイギリスは、他のヨーロッパ諸国にはない方法をとった。それは、世界システムの頂点に近づいたイギリスでなければできない方法であった。すなわち、十八世紀イギリスの犯罪者処罰は、死刑判決の頻発と恩赦によるアメリカ流刑の多用によって特徴づけられているのである。死刑に相当するとされる犯罪の種類は、十七世紀末の五〇ほどから、十九世紀はじめの約二〇〇へと急増した。ちょっとした犯罪も「死刑」となったのである。しかし、現実には、死刑はそれほど執行されず（執行されるときは、見せ物として大イヴェントとなった)、「慈悲深い国王の恩赦」によって、罪一等を減じられ、「植民地への流刑」とされたのである。流刑囚は、軽罪で七年、死刑囚で一四年の年季の「年季奉公人」となったが、アメリカのプランテーションでは自主的に契約した移民(ふつう四年年季)とまったく同じく、たんに「労働力」として扱われたのである。ヨーロッパ諸国が採用した、刑務所に囚人を閉じ込めておく方法は、当時の政府からすれば大事業であり、費用のかかる方法であった。それに比べれば、事実上の流刑制度は、ステイプルつまり「世界商品」を生産する植民地に労働力を供給しながら、本国の社会問題を解決する一石二鳥の名案であった。「世界商品」によって膨大な利益を獲得できたことを考えれば、これほど画期的な方法はほかになかったはずなのである。

7 孤児も植民地へ

植民地に「排出」されたのは、大人の囚人や失業者ばかりではない。孤児や捨て子も同様である。年季奉公人の契約書をみると、「poor boy」と記述されている者が頻繁に目につく。こうした子供は、教区の名前が名字になっていることが多く、捨て子であることは容易にわかる。大人になっていても、「年齢不詳」であることが多いのである。

フランスやポルトガルのようなカトリックの国では、捨て子はかなり温かく迎えられるところがあり、早くから捨て子収容所ができていたが、イギリスのようなプロテスタントの国では、捨て子を「不倫の子」として冷遇する傾向が強く、十八世紀までその収容所は存在しなかった。十八世紀ロンドンに最初の捨て子収容所がつくられるが、その理由は、人口減少説を背景に、将来の兵士となりうる者だからということでしかなかった。捨て子収容所を創設した人たちは、同時に「海洋協会」をつくって、浮浪者を駆り集め、これを軍隊に送り込んだ人びとであり、イギリスで捨てられた黒人たちをアフリカのシエラレオネに、白人の売春婦をつけて、送り返した人びとでもあったのだ。

結局のところ、イギリスにとって、植民地とは、「世界商品」の生産地であると同時に、社会問題の処理場でもあったのである。禁欲で勤勉な中流のイギリス人が、自由のためにアメリカ植民地をつくったわけでは毛頭ないのである。

第11章　「二重革命」の時代

ここでは、産業革命とフランス革命の歴史的意味を、世界システム論の立場から再検討する。産業革命はなぜフランスではなく、イギリスに起ったのか。フランス革命とは、結局、何であったのか。アメリカ独立革命やハイチやラテンアメリカ諸国の独立を含めての環大西洋革命論にもふれる。

1　なぜイギリスは最初の工業国家となったのか？

従来の常識でいえば、十八世紀と十九世紀の境目には、フランスにいわゆるフランス革命が起こり、イギリスには産業革命が起こった。いっぽうは、「市民革命」といわれるものの典型とされ、たほうは、世界で最初の「工業化」の実例とみなされてきたものである。また、前者は政治的な革命であり、自由・平等・友愛という「近代市民社会」の基本概念を打ち立てたものとされ、経済革命である後者は、現代世界中に拡大しつつある工業化社会の起点とみなされてきた。そういう意味で、この二つの革命は、近代世界をつくりあげた決定的な要因であった、というのである。したがって、ここから「近代」が始まるのであって、世界システムを考えるにしても、それは産業革命以後の世界にこそ成立するものである、という意見もある。

しかし、このような見方は、正しいのだろうか。フランスはなぜ市民革命を経験し、イギリスはなぜ産業革命を経験したのだろうか。あるいは、世界で最初の産業革命は、なぜフランスに起こらなかったのだろうか。たとえば、この最後の問いにたいしては、かつては、産業革命以前のイギリス・フランス両国の経済条件――人口や一人当たり所得の動き、産業革命以前の工業化(プロト工業化)の進展具合、貿易の状況――などについて、いろいろな比較研究がなされ、そこからイギリスが先行した必然性が主張されていた。しかし、近年の研究成果は、このような両国間の差異を否定する傾向に、圧倒的に傾いている。その結果、極端なケースでは、「なぜイギリスだったのか」という問いには、「偶然」という答えしかないとするような研究者もいる。そこまではいわないにしても、両国の先行条件にあまり大きな違いがなかったらしいことは、確実と思われる。

決定的な違いは、すでに、十六世紀に成立していた世界システム内部での経済的余剰のシェア争い、つまりヘゲモニー争いにおいて、イギリスが勝利したということである。〕産業革命そのものは、工場制度や都市の発達によって、人びとの生活を大きく変えたとはいえ、世界システムに構造的な変化をもたらしはしなかった。中核と周辺からなるグローバルな分業体制としての世界システムは、産業革命によって基本的に何ら変化していない。変わったことは、インドやトルコやロシアが十八世紀のうちに自立性を喪失し、このシステムに呑み込まれていったということであり、その余剰をイギリスがおおかた確保したということである。

こうして、いまでは、産業革命はイギリスにとってそれほど大きな出来事ではなかったとする見方もある。たとえば、「ジェントルマン資本主義」論と呼ばれる見方からすれば、産業革命は一個の歴史的エピソードということになる。ジェントルマン資本主義論では、イギリス資本主義の真髄は、十八世紀の地主ジェントルマンから十九世紀のシティにおける金融ジェントルマンにいたる「地代・金利生活者」のそれであり、製造工業が中心なのではない。大きな資産を他人に貸し付け、その地代や利子をもって、上流の豊かな生活を送る人びとが中心となっていたのである。帝国主義といわれるような対外進出にしても、マンチェスターの製造業というよりは、シティの金融利害と結びついていたのだ、ということになる。このような議論は、「ジェントルマン」を理想像とするイギリス人の価値観に、現代イギリス経済の衰退の理由を求める見方と結合して、いまではほぼ通説の位置にある。シティの大銀行が、マンチェスターの工場に資金を提供するようなことはほとんどなく、そうした銀行はひたすら貿易や海外投資に目を向けていた、という事実がこの説を裏づけている。

しかし、このようなジェントルマン資本主義論とは対立するイギリス史の見方に、「財政・軍事国家」論とでもいうべきものもある。産業革命の存在を強調しようとする歴史家は、むしろ十九世紀イギリス政府の自由貿易政策に、イギリス衰退の原因を求めており、これとの対比で十八世紀の政府を称賛するのである。彼らによれば、十八世紀のイギリスは、フランスに比べてたいへんな重税国家となっていたが、国民の税にたいする反発はそれほど強くはなかった。反税闘争が革命につながったフランスとは、この点でまったく異なっていたというのである。

イギリスの民衆が重税に反発しなかった理由は、イギリス政府が、徴税にあたるべき官僚を、もっとも租税負担の重い中産階級から任命したからであり、貴族に特権を認めなかったからだとも、彼らはいう。そのような徴税システムは、十七世紀末に、イングランド銀行の設立を中心とする「財政革命」(P. G. M. Dickson)によって確立された。

しかも、イギリス政府は、このような膨大な資金を、ほとんど軍事費と軍事支出のために発行した国債の元利の支払いにあてた。その結果、対仏戦争は、資金の豊富なイギリスがつぎつぎと勝利し、大英帝国（第一帝国とも重商主義帝国ともいう）の形成につながった、というのである。かずかずの戦勝は、この重税国家をささえた中産階級——彼らは、重税に耐えるジョン・ブルとしてしばしば戯画化された——を熱狂させ、彼らの支持はますます強化された。この結果、イギリスは軍事力によって、自由貿易圏を確保することができ、これを基盤として産業革命に成功した。しかし、十九世紀イギリス政府は、自由貿易を前提とし、「軽い政府」に移行したため、結局は、急速に工業化されたドイツとアメリカに敗れ、一八七三年以降の「大不況」のなかで、世界システムのヘゲモニーを喪失していくのだという。

近代イギリス史についての、このような二つのパースペクティヴは、一見した印象ほどには矛盾しているわけではない。いずれにせよ、イギリスが帝国を形成し、世界システムの余剰のもっとも大きなシェアを確保したために、フランスは工業化できなくなったのであり、その後もイギリスに対抗するためには、イギリス型の能率的な徴税国家を打ち立てる必要があったのである。それがフランス革命であった。

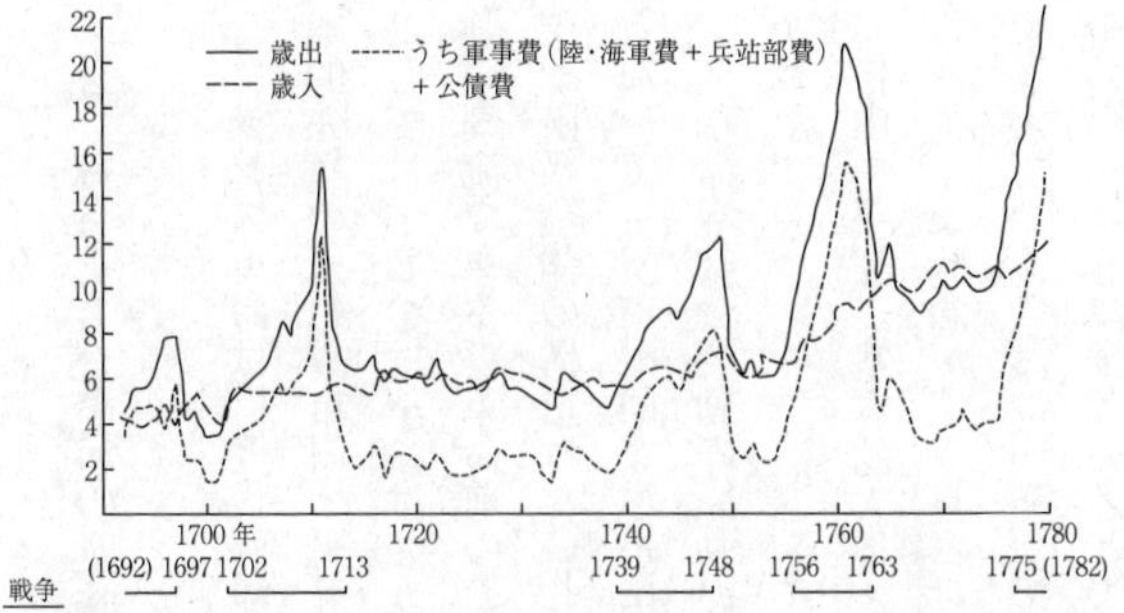

平均歳入	4.0	4.5	5.4	5.9	6.4	7.2	8.6	10.6	12.0
平均歳出	6.3	3.9	7.8	5.8	8.8	7.5	15.8	10.2	19.4
(軍事費)	4.6	1.8	5.4	2.2	5.6	3.5	11.2	4.1	12.0
(公債費)*	0.5	1.4	1.6	2.6	2.3	2.9	3.5	4.8	5.6
歳出中の軍事費比	73%	46%	69%	38%	64%	47%	71%	40%	62%
期末の公債累積額	14.5	12.6	34.7	46.5	75.8	72.5	132.7	127.1	214.7

〔主要出典〕 B. R. Mitchell, ed., *Abstract of British Historical Statistics*, 1962, pp. 389-91. などより計算。

〔注〕*「公債費」とは公債利子および元金償還費のこと。

図 11-1　戦時と平時におけるイギリスの政府財政(単位 10万ポンド)

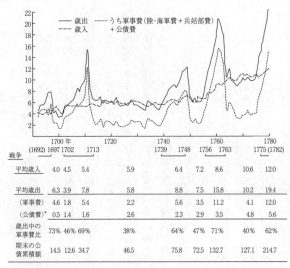

2　フランス革命の意味

フランス革命は、近代西洋文明の真髄ともいえる「普遍的」な価値、すなわち、基本的人権の思想や自由・平等といった概念をもたらした。フランスの社会改造の動きとしては、じつは革命はいうほどの意味がなかったというのが、これも近年の研究の強い潮流である。革命前のおおかたの有力な家系は、じつは革命後も生き残っており、支配階級全体の構造はたいして変化しているわけではない。旧ソ連が崩壊してロシアとなっても、支配的な家系に大きな変動がなかったことは、よく知られている。フランス革命も社会変動の原動力としては、かつていわれたほどの変化をもたらしはしなかった。

自由や平等、基本的人権といった、「普遍的価値」についてはどうか。たしかに、このような概念がナポレオンの民法典とともに世界中に広がり、その影響が現代にまで及んでいることは明らかである。じっさい、これらの「価値」はいまもって、世界中のいかなる政権といえども、公的に否定することはできないものである。

しかし、工業化がじつは世界システムの中核にしか広がらなかったのと同じように、こうした「近代市民社会の理念」も、世界システムの周辺に適用されるときには、「中核」でのそれとはまったく異なった意味を与えられるようになった。否、「中核」においてさえ、「平等」の観念は「能力主義」と結びつくとき、容易に各種の新しい差別――性差別や高齢者・子供の「生産的労働」からの排除――と結びついた。

理論的な話は省略するとして、近代世界システムは、それまでとは違った仕方で、新たな差別を生み出した。世界システムの「周辺」部は、低賃金によって経済的余剰を生み出し、「中核」に奉仕する必要があるから、労働コスト引き下げのために強制労働が展開されることは、すでに何度か述べた。産業革命とフランス革命がもたらした新しい編成のなかでは、低コスト労働の確保のために、人種主義や性差別、高齢者の排除などが行われる。人種というのは、アパルトヘイト時代の南アフリカで日本人が「名誉白人」とされたように、実際は生物学的な人間の種類による区別などではない。むしろそれは安価な労働力を抽出するための手段なのである。女性や高齢者の家庭内労働も、近代世界では「労働」とは認められない。つまり、そうした労働にはまともな賃金は支払われないし、その成果も、生産統計にはのせられない。彼らの労働は、ただ「正式の労働者」である成人男子のそれを十分に引き下げる役割を果たしたのである。

こうした新型の差別は、フランス革命の理念が、世界各地に浸透するのと同時に、表裏一体をなして、浸透していったのである。こうして、イギリスが担った世界の商業化、すなわち地球上の全地域を世界システムに組み込むという使命を、いわばフランス革命の論理が支えたのである。「普遍的な価値観」がなければ、全世界を単一のマーケットに組み込むことは困難であったからである。

3 なぜフランス革命なのか

しかし、市民革命はなぜフランスに起こったのか。この問いに対しては、かつては、イギリスはすでに十七世紀に市民革命を経験していたのに、フランスはまだそれを経験せず、アンシアン・レジーム下にあったからだ、といわれた。工業化の前提条件として、政治・社会改革が必要であったのだ、というわけである。しかし、この点でも、アンシアン・レジーム下のフランスと同じ時期のイギリスの社会(「市民革命」後のはずなのだが）に大きな違いをみないのが、近年の常識である。ただ、世界システムのヘゲモニー争いでフランスが敗北したという事実はあるし、その敗北の理由が、財政制度に大きくかかわっていたというかぎりではかなりのコンセンサスがある。大徴税請負人の懐を肥やすばかりのフランスのやり方は、国民の反発を招いたのにたいし、イギリスのそれはきわめて効率的、かつ巧妙であったといえる。

しかし、フランスの敗北を決定的にしたのは、一七八六年に締結された英仏間の自由貿易を規定したイーデン条約であった。この条約こそは、フランスの工業を決定的に破壊し、イギリス商品の洪水がフランスを襲った。

ヘゲモニー争いに敗れたフランスとしては、早急に体制を立てなおすことが必要になった。それがフランス革命であり、革命のエッセンスはイギリス型の財政・軍事国家への移行にあったといえよう。イギリスの十八世紀社会は、「未改革の議会」が残り、「古き腐敗」として知られる地主ジェントルマンのコネの支配が続いていたのだし、社会構造もまた大きくは変わっていなかった。ただ違ったのは、イギリスが世界システムの中心に座ったということである。

4 大西洋革命論

十八・十九世紀の交わりの前後に起こった革命は、「中核」部におけるフランス革命と産業革命だけではない。ほんらいシステムの「周辺」に運命づけられていた西半球でもいくつかの「革命」が起こった。すなわち、一七七五〜八一年のアメリカ独立革命と十九世紀前半に相次いだラテンアメリカ諸国の独立、それにかのハイチ革命とである。まえの二者は、いわば白人定住者たち、つまり、クリオーリョの革命であり、後者はムラート、すなわち黒人と白人の混血者たちに指導された奴隷叛乱の成果である。後者は、いわば、ペルーにおけるトゥパク・アマルの叛乱などと同じ、直接生産者の叛乱であった。

アメリカ独立革命やラテンアメリカ諸国の独立は、世界システム論の観点からみれば、「周辺」に位置づけられた地域の、従属状態からの脱却をめざす運動、すなわち「半周辺化」の運動であった。そういうものだとすれば、この運動はアメリカ十三植民地では成功し、ラテンアメリカでは今日まで失敗に終わっていることになろう。

「周辺」すなわち従属地域は、いったん支配的な中核国との関係を暴力的にでも断ち切らなければ、つねに「不等価交換による搾取と従属による社会・経済の構成の歪み」を生む圧力を受けるため、その立場から脱出はできない。鉄のカーテンを引いた旧ソ連や鎖国に走った日本が、その世界システム上の地位を高めたり、少なくとも「半周辺」の地位にとどまりえたのは、まさにそれぞれの「世界システムからの隠遁」のおかげであった。アメリカ独立革命の意味は、まさしくイギリスからの投資、すなわち低開発化の圧力を避けることにあったといえよう。紅茶を捨て、コーヒーの国となるといったイギリス型生活様式からの脱却が、その顕著な効果であっただろう。生活スタイルの自立は、消費構造を変え、ついには経済的従属からの脱却をもたらすのである。

フランス革命からアメリカ独立革命、ラテンアメリカ諸国の独立革命までが、世界システムのなかでの地位改善運動であったのにたいして、ハイチ革命は、いわば「反世界システム」の運動であった。たまたま、フランス革命にともなう本国の混乱があったからこそ、それは成功を収めえたが、自立の見込みははじめから少なかった。

かつて、大西洋革命論を主唱したゴドショーやパーマーは、こうした一連の革命の共通性をつぎのように説明した。すなわち、貴族の寡頭支配への反発、政治的自由・平等の要求、人民主権の原理の主張、貴族と市民の対抗関係などである。しかも、これらはいずれもフランスの支援のもとに展開したのであり、フランス革命の延長である、と。しかし、このような説明は、とくにハイチ革命については不適切というほかない。あらためて世界システム論的な説明が必要になるゆえんである。

第12章　奴隷解放と産業革命

この章は、イギリスの工業化や都市化が、世界システムの展開とどのように結びついていたかを、生活史の側面から説明する。砂糖関税が引き下げられ、穀物法が廃止され、東インド会社の特権が制約されていく過程（「自由主義的諸改革」）の歴史的意味を、ひろく論じる。

1　産業革命期の「食革命」

かつて、わが国の歴史学界は、ヨーロッパにおける農民・土地問題をもっとも重要な研究課題とした。農業そのものが扱われても、それは穀物の生産にかかわるヨーロッパの農業の問題のみであった。ヨーロッパの農業が、多くの場合、穀物栽培と牧畜の混合になっていることはしばしば指摘されたが、ヨーロッパの牧畜史の研究などというものは、ほとんどなされなかった。ましてや、ヨーロッパ外の農業生産などは、ヨーロッパ史に結びつくわけではないからという理由で、まるで相手にされなかった。ヨーロッパの農民による穀物生産は歴史になるが、カリブ海のプランテーションで砂糖を生産する黒人奴隷には、そのような歴史的意味はない、というのが「戦後史学」

の含意だったのである。

このような見方には、ヨーロッパ中心史観の欠陥がみえるばかりか、ヨーロッパの食文化にたいする無理解をみてとることができる。コメさえあれば人は生きられる、とした過去の日本人の徹底したコメ信仰を、混合農業をベースとし、雑食生活を送っているヨーロッパに無意識に投影した結果といえよう。

現実のヨーロッパ人の食生活はそのようなものではないし、ましてや近世以後のイギリス人のそれは、まったくこのようなものではない。砂糖は、嗜好品の域を越えて、有力なカロリー源となっているうえ、茶との組み合わせで「イギリス風朝食」を成立させ、産業革命期イギリス人の生活基盤の大前提となった。かつての日本人がコメを「主食」と考えたのと同様の意味で、小麦が産業革命期イギリス人の主食であった、などと考えてはならない。そもそも英語には、ごく一般的には「主食」の概念も、したがってそれにあたる言葉も存在しないように思う。

2 「イギリス風朝食」の成立

朝食の習慣などというものも、時代によって劇的に変化するものである。ほんらい、イギリスの庶民は一日二食がふつうであったので、厳密な意味で「朝食」にあたるものがなかった時代もある、ということも可能である。食事の回数と時間帯が、ほぼ今日のようになったのは、十七世紀中ごろのことである。ディナーとサパーのあいだが開き、「ハイ・ティー」や「ティー・ブレイク」の慣習も生まれた。イギリス人の食事の内容は、産業革命期、すなわち十八・十九世紀の転換期に大きく変わった。ポリッジ（オートミール）のほか、「砂糖入り紅茶」を主軸とする朝食の成立である。後者にかかわる一連の食品群——紅茶・砂糖・糖蜜など——を「紅茶複合」としておく。

産業革命の進行にともなって、イギリス人の民衆のかなりの部分が、都市住民となった。その変化に「囲い込み」がどの程度介在したかはともかく、生活環境の都市化は、民衆の生活基盤を一変させた。住宅環境からして、しっかりした調理をする施設（台所）がなくなり、無料で採取できる燃料もないままに、短時間で朝食を準備することは不可能となった。ましてや、自宅でパンを焼くなどということは論外となった。たほう、工場制度が普及すると、時間規律が厳しくなり、週末は飲んだくれ、月曜は休むという「聖月曜日」に象徴されるような、時間にルースな生活は認められなくもなった。さらに、工業化と都市化は、労働者家族の構成員のほとんどが家庭外で雇用されることを意味する。この点でも、工業化は長時間を要する調理の可能性の喪失をも意味したのである。このような条件に見事に合致したのが、紅茶と砂糖と店買いのパンやポリッジの朝食である。じっさい、ヘンリ・メイヒューによれば、ロンドンの街路には、ありとあらゆる種類の屋台の簡易飲食屋が開業していたことがわかる。ともあれ、砂糖入り紅茶をベースとする「イギリス風朝食」は、基本的には、湯を沸かせさえすれば、用意することができる。とくに、紅茶と砂糖は、カフェインと速効性のカロリー源として、決定的な意味をもっていた。工業化前のルースな時間管理を象徴する「聖月曜日」の慣習が、エールやジンなどの飲酒の習慣とつながっていたのと、好対照である。速効性という意味では、朝食のみならず、仕事の合間の「ティー・ブレイク」も同様の意味をもっていた。こうして、カフェインを含む紅茶と高カロリーの砂糖、砂糖でつくられたジャムと糖蜜――伝統的に高級品のイメージの強い蜂蜜を模した、初期の典型的な「代用食」——などは、イギリス民衆に不可欠な基礎食品となった。冷たいパンを一瞬にして「ホット・ディシュ」に変えてしまう、一杯の砂糖入り紅茶がなければ、十九世紀イギリス都市民衆の生活は成り立たなかったはずである。

もっとも、紅茶自体はカロリーがないうえ、価格も高いというので、当初、識者にはきわめて不評であった。もっと安上がりで栄養価の高い、ポテトとポリッジを軸とした北部の食事にたいして、こうした食事は、主としてロンドンなど、南部から広がりはじめたといわれている。こうした食事には、ある種の「ステイタス・シンボル」的な意味合いもあったのである。結局は、北部から広がりはじめた「貧民の食品」——オート麦やポテト——と「〔相対的な意味で〕富者の食品」——茶や砂糖——とが重なりあったところに、近代イギリス庶民の「朝食」が成立することになるのだが、本節ではとりあえず、「紅茶複合」について考えてみる。

「紅茶複合」は、いうまでもないことだが、イギリスを中心として、地球の両側からきた素材によって成立している。いいかえれば、イギリスが世界システムの「中核」の位置を占めることになったからこそ、このようなことが可能になったのである。このことには、すでに触れた。イギリスの農民だけが歴史を動かす、などという「戦後史学」の言説は、世界システムの作用への無知をさらけだすものでしかない。

ともあれ、紅茶は、十七世紀に王室をはじめとする上流階級、とくに貴婦人のあいだのステイタス・シンボルとして広まった。この間の事情は、多くの一般向けの読み物にもなっているので、ここでは深くは追求しない。しかし、世界システムの作用によって、紅茶も砂糖もしだいに下層民衆にまで普及したばかりか、ついには、工業化時代のイギリス都市労働者の象徴記号に転化したのである。こうして、「紅茶複合」は、十九世紀になると、ジェントルマン階級のシンボルとしての意味と、工場労働者に代表される民衆の労働や生活の象徴記号としての意味を併せもつ、という一見、奇妙なことが起こったのである。カリブ海におけるアフリカ人奴隷の労働やアジアの貧しい農民は、当初、イギリス・ジェントルマン階級のステイタス・シンボルを提供していたが、ついには、都市のスラム的な生活環境のなかで、厳しい時間規律に追われるイギリス労働者の生活そのものを支えることになったのである。

この意味でも、イギリスにおける世界で最初の工業化は、世界システムのうえにこそ成立したのであって、ひとりイギリス農民の「勤勉」などから生じたわけでは毛頭ない。上流階級の女性のあいだに広がり、上品さのシンボルとなった「ハイ・ティー」の習慣は、結局、アフタヌーン・ティーのかたちに落ち着いた。これにたいして、労働者階級のあいだでは、仕事の中間の休みとして「ティー・ブレイク」が始まったが、こちらは、まさしくその性格からして、速効性のカロリー補給と興奮剤が必要であったために、砂糖入り紅茶は不可欠となった。この習慣も、結局は、「ハイ・ティー」といささか「上品な」名で呼ばれたりもするために混同されがちだが、両者は、まったく別の象徴記号となっていることがわかろう。

都市労働者にとって紅茶がもった意味は、チャドウィックの公衆衛生に関する報告書のなかに登場する証人ジョン・フォウラーの陳述に明白である。「いまでは、蒸留酒はもとより、ビールを飲む習慣も、おおいに減ってきていると思います。……紅茶とコーヒーがよく飲まれているからです。近年は、わたしの知っているかぎり、昼からビールを飲むことはほとんどなくなりました。コーヒー・ショップの設立は、人びとの健康とモラルにとって、きわめて有益であると思います。それが、人びとをパブから引き離すことになるでしょうから」と。栄養学的には、非難されたとしても、砂糖入り紅茶には、産業革命期の労働者とブルジョワにとっては、何ものにも代えがたい意味があったのである。

3 「朝食を無税に」——過保護のイギリス産砂糖と穀物

十九世紀初頭のイギリスは、世界で最初の工業化にほぼ成功し、その完成期に入っていたが、この時代は、いまや「世界経済」のヘゲモニーを握りつつあったこの国の食糧政策——のみならず、食生活そのもの——が大転換を遂げつつあった時代であった。工業化にともなう都市化を反映してか、穀物に関する世論が、生産者、つまり地主や農業経営者保護から、都市労働者を主体とする消費者と、彼らを雇用する工場経営者の利益を保護する方向へと急速に傾いていくのである。一八三八年に成立した、反穀物法協会(のちに反穀物法同盟となる)に結集した、コブデンやブライトら、いわゆるマンチェスター派は、この傾向を強力に推しすすめた。

イギリスで、穀物法のような生産者保護政策がとられるようになったのは、十七世紀中ごろのことであった。それ以前のイギリスでは絶対王政のもとに、むしろ輸出制限など、消費者保護の政策が採用されていたが、ピューリタン革命前後を境に、地主ジェントルマンの支配（いわゆる「地主支配体制」）が確立したために、生産者保護の政策に転換したのである。その結果が、一六七〇年代における穀物輸出奨励金制度の確立であり、この政策体系が十九世紀の穀物法につながる。一八四六年の穀物法廃止は、穀物法に守られて国際価格に比べて異様に高く維持されてきたこの国の穀物価格を押し下げて、「安上がりの食事」をもたらし、ひいては労働コストを下げようとする試みであった。これ以後、イギリスの輸入食品への依存は急速に進み、ついに農業人口は数パーセントにまで低下してしまう。

穀物輸入の自由化をめざしたイギリスのこのような動向は、よく知られている。しかし、同じことが、砂糖や茶についてもいえることはあまり知られていない。

工業化の開始とともに、砂糖入り紅茶が労働者の朝食となり、「ティー・ブレイク」が一般化したといっても、なお、茶も砂糖も、労働者にとってはかなり高価なものでもあった。イギリスの砂糖が、フランスのそれよりはるかに高く、国際市場ではまったく競争力がなかったこともすでにみた。ただ、本国議会の強力な「西インド諸島（カリブ海）派」のおかげで禁圧的高関税に守られていただけである。多少事情は違うが、東インド会社の強固な独占体制に守られた茶も、本質的に似た状況にあった。

十八世紀のうちから、オランダなどによる茶の密輸が猛烈に展開したのは、正規ルートのそれが、高関税のせいもあって異様に高価になっていたからにほかならない。「西インド諸島派」の打倒と東インド会社の独占廃止が、マンチェスター派の最大の政治目標となったのもうなずける。

「西インド諸島派」への攻撃は、まずは奴隷貿易や奴隷制度への批判というかたちをとった。そうすれば福音主義者の運動ともタイアップできたからである。その成果は、一八〇八年の奴隷貿易の禁止、一八三三年の奴隷制度の廃止となって現れた。奴隷制度の廃止は、さしもの強固な「西インド諸島派」を消滅させ、砂糖の特恵関税の引き下げという、マンチェスター派のほんらいの目的を実現させた。すなわち、一八四二年にはいったん失敗したものの、一八四四年にいたって、関税は三〇パーセントに引き下げられ、一八五二年には、内外の砂糖関税が同率となった。「朝食を無税に」というスローガンは見事に達成されたのである。同じころ、東インド会社の貿易独占も廃止されるにいたったことは、教科書的常識であろう。自由貿易の主張は、いわば世界システムを利用して、「安価な朝食」、つまり「安価な紅茶複合」を確保することをねらったものだったというべきなのである。

4 奴隷解放以後

イギリスの奴隷制度廃止が、「安価な朝食」の確保を目的としていた証拠は、むしろその後の政治動向をみれば、より明白となる。人道主義的な立場からすれば、奴隷制度の廃止は、当然、イギリス領以外の地域にも及ぶべきであった。ところが、現実には、この問題に関して、一八三三年を境に、奇妙な逆転現象が起こったのである。イギリス領での奴隷貿易や奴隷制度が廃止されてしまうと、それを推進したマンチェスター派が、ブラジルなど外国の奴隷制砂糖生産を容認し、逆に「西インド諸島派」がその廃止を求めはじめたのである。イギリス領植民地のプランターたちは、なお当面は、「徒弟制度」によって黒人を不自由労働力として利用しつづけようとしたが成功せず、しだいにインド人、中国人などアジア系の「契約労働者」に労働力の基盤を切り替えていった。それにしても彼らは、なお砂糖生産に執着していたから、外国領では奴隷の使用が容認されている状態が、理不尽にみえたのも当然である。したがって、かつて自己の奴隷制の維持に熱中していた「西インド諸島派」が、いまや奴隷制度に頼る、ブラジルなどの砂糖の排斥を主張しはじめる。大プランターの一族であった首相グラドストーンは、こうした見解を強力に代表していた。たほう、かつては、熱心にイギリス領植民地の奴隷制度に反対したはずの「マンチェスター派」の代表コブデンは、こんな奇妙な議論を展開した。「(奴隷の生産した)綿製品の消費者であり、その輸出者でもあるイギリス人には、綿製品を満載した船でわざわざブラジルに赴き、ブラジルには奴隷制度があると知って大げさに驚いてみせたうえ、そら涙を流しながら、奴隷制度によって栽培された砂糖などは受け取れません、とうそぶく権利などあろうはずがない」、と。

長期的にみると、結局は、イギリス以外の国でも、たしかに、イギリスを中心とする国際圧力によって奴隷貿易や奴隷制度は廃止されていった。しかし、スペイン領のキューバでは、砂糖生産の中心となっていった一八八〇年代まで継続した事実が、このの本質を示しているように思われる。

第13章　ポテト飢饉と「移民の世紀」

アイルランドにおけるポテト飢饉を契機に、大量の移民がアメリカに渡った。この章は、イギリス帝国を中心に十九世紀における労働者の地球規模での移動に焦点を合わせる。

1　ポテトとポテト飢饉

産業革命時代に、民衆の生活状況を詳しく調査したことで知られるフレデリック・イーデンによれば、十八世紀のイギリス、とくに北部ではジャガイモが急速に普及した。「イギリス北部では、ジャガイモほどいろいろな食べ方をされる野菜はほかにない。ジャガイモは、富者にとっても、貧者にとっても、朝食をのぞくすべての食事にかならず出る常食品となった」という。「これまでは、この有用な野菜も、極貧層にのみ適した食品とみなされてきた」が「数年のうちに、この王国では、ジャガイモの消費が広く普及し、穀物と同じように一般化することだろう」と、彼は期待を表明している。

十六世紀に、いわゆる「コロンブスの交換」（新・旧大陸間の動植物などの相互伝播）

の一環としてヨーロッパにもたらされたジャガイモは、十八世紀にいたって、イングランドではまずランカシアに、ついでしだいにウェールズとトレント川以北のイングランド各州に入っていった。こうして、いまでは民衆の食糧では重要な位置を占めている「ジャガイモがなければ、スコットランドでも、アイルランドでも、実際よりはるかに多くの飢饉が生じたはずだ」と十九世紀初頭の著作家パトリック・カフーンはいう。

しかし、ジャガイモが何といっても大きな影響を与えたのは、ほかでもないアイルランドにおいてであった。ジャガイモのおかげで貧しかったアイルランドの人口は激増した。一七一〇年から三度目の国勢調査の行われた一八二一年までに、イングランドの人口はおよそ一〇〇パーセント増加したが、アイルランドのそれは一六六パーセント強の増加をみた。「少なくとも過去九〇年間には、人口を稠密にし、これを支えている例の主要食品、すなわちジャガイモがしだいに増えていった」が、このジャガイモというものは、「他の国の主食となっている［小麦など］より、はるかに安価に、しかも大量に供給されるので、この植物の栽培が着実に広がっていったことが、アイルランドでイングランドほど人口増加に抑制がかからなかった原因である」とカフーンは力説した。

たほう、イングランドで「民衆の保護者」といわれたウィリアム・コベットによれば、ジャガイモとは「アイルランド人の怠け芋」であり、労働者がこんなものを主食にしているのは、経済的抑圧のしるしにほかならないのであり、給料の一部をジャガイモで支払う習慣は、労働者にたいする悪質な搾取の見本でもあった。さらに彼は、改良派の貴族、サー・チャールズ・ウルジーを引用して、フランス、イタリア、ドイツを比較すれば、「ジャガイモの栽培が広まっている地域ほど、労働者が惨めな状態におかれている」とまで主張する。しかし、ジャガイモ支持派であったカフーンによれば、「たとえば、八人の子供をもつ労働者の家族を養うことを考えても、ジャガイモを用いれば、この家族を小麦食で支える場合の四分の一の土地でこと足りる。それでいて、ジャガイモを食べているからといって、体力が劣るなどということもまったくない」という。

一八四〇年ごろまでには、アイルランドでもイングランドでも、ジャガイモがすっかり普及した。たとえば、一八四八年に出された『食品添加物について』という公的な報告書があり、つぎのような一文さえ認められる。「炭酸マグネシウムやアンモニアとともに茹でたジャガイモが、しばしばパンの混ぜ物として使われている。「小麦粉」なるものを調べた結果、チョーク、ジャガイモの粉、パイプクレイ［と呼ばれる粘土］……などを発見した」と。白パンを食べる階層とライ麦パンの階層が明確に区分されていた時代だから、粉ジャガイモは、要するに、小麦の白パンに代わる一種の似非《えせ》食品となったのである。

ところが、このジャガイモにはときとして、病気が蔓延して凶作となることが、すでに一八三〇年代からしばしばみられた。とくに一八四五年から四九年にかけて、状況が深刻化した。こうして、「大飢饉（ザ・グレイト・ハンガー）」として知られる、歴史上まれにみる危機が生じた。一〇〇万人以上のアイルランド人が、直接飢饉によってか、または飢饉にともなう病気で死亡したとされる。

このため、アイルランドを離れる者もあとを絶たず、アメリカ合衆国とカナダに向かった者だけで、八〇万人に達した。イギリス本国にも、当然、多くのアイルランド人が移住した。イギリスに入ったアイルランド人の大半は、ランカシアの綿織物工業地帯で労働者となるか、ロンドンのイーストエンドで、港湾労働者として肉体労働に従った。希望の土地とみえたアメリカ合衆国には、いっそう多くのアイルランド人が移住した。なかには、のちのアメリカ大統領J・F・ケネディの先祖なども含まれていたのである。

もとより、ジャガイモはすべてのアイルランド人の主食となっていたわけではなく、それはあくまで「貧民の食品」であったから、飢饉に陥ったのはそうした階層の人びとだけであった。その意味では、問題は食糧不足というより、雇用不足のほうがより深刻であったのかもしれない。とすれば、ここでいう「貧者」とは、いったいどのような人びとであっただろうか。

十八世紀アイルランドは、イギリス重商主義の枠組みに組み込まれ、従属的立場にはあったが、それでもイングランドでは生産しにくいリネンの特産地として、リネン工業の著しい発展をみた。限定された範囲内ではあったが、アイルランドもまた、イギリス重商主義による多少の保護を受けて、一定の成長を享受したというのが、近年のアイルランド経済史研究の結論である。じっさい、一七八〇年代半ばでも、アイルランドの対イギリス輸出の半分近くはリネン布だったのである。しかし、一七八〇年代中期から、イングランドにおいて綿工業が劇的な成長を遂げると、アイルランドからのリネン輸出は消滅した。この結果、アイルランドには、工業関連の失業者があふれることになったのである。

たほう、農業もまた、十九世紀になると激変した。ナポレオン戦争の末期から深刻な農業不況が訪れるが、そのなかでアイルランド地主は、土地の併合をすすめ、農業経営の大規模化をはかった。こうして、生産を効率化したアイルランド地主は、イングランドへの食糧輸出を展開し、一八二〇年代半ばには対イングランド輸出の六一パーセントを占めるようになった。たほう、大量の貧農が土地を失い、失業することになったのである。

「ポテト飢饉」は、このような工業、農業両面の失業貧民を直撃したのであった。一八四一〜五〇年のイギリスからの出移民の行き先をみると、アメリカ合衆国に一〇九万人、カナダに四三万人、オセアニアに一三万人が記録されており、総数では、その直前の一〇年間の二・五倍くらいになっている。一八三七〜四〇年にかぎって出港地別にみると、カナダへ渡った者の六〇〜七〇パーセントはアイルランドの港から出ているうえ、イングランドの港から出ている者も多数にのぼった。リヴァプールから出航した者の六〇パーセント以上はアイルランド人であったと思われる。こうして、各種の統計を検討してみると、この時代のイギリス（連合王国）全体の対外移民の六〇パーセント以上を、アイルランド人が占めていたと思われる。「ポテト飢饉」は悲劇ではあったが、それがイギリスの産業革命と帝国拡大へのマンパワーを引き出すことになったこともまた、歴史の事実であった。じっさい、イギリス産業革命の労働力の多くは、アイルランドからもたらされた。産業革命時代に盛り上がるチャーティスト運動などの労働運動は、アイルランド人の民族主義運動とも密接なつながりをもっていた。

しかも、カナダへ移民したアイルランド人の多くは、到着後アメリカ合衆国に再移民している。これからすれば、この時代のイギリスからアメリカ合衆国への移民というのは、すでに大半がアイルランド人であったことになろう。アメリカ合衆国の移民史では、このあと、一八九〇年ごろを境に西ヨーロッパ出身の旧移民から、東ヨーロッパや南ヨーロッパ、さらにはアジア出身の新移民への移行があったとするのが通説である。

2 「移民の世紀」

しかし、十九世紀に海を越えて移民となった人びとは、アイルランド人だけではない。近代世界システムの歴史上、十九世紀はまさしく「移民の世紀」であった。アイルランドを含むイギリス各地からはアメリカ合衆国のほか、オーストラリアやニュージーランドへ多くの人が、ウェイクフィールドらの運動に対応して、「一旗あげる」ことを夢見ながら移民していった。南ヨーロッパからの独立後の南アメリカ諸国への移民もあれば、世紀後半には、東ヨーロッパや南ヨーロッパの諸国からのアメリカ合衆国への「新移民」も激増した。なかでも大規模な移動が、インドや中国、日本など、アジア諸国から起こった。奴隷解放後のカリブ海域では、プランターたちは当初、「徒弟制度」によって解放黒人を、移動の不自由な労働力として使い続けようとしたが、成功せず、結局、黒人の多くがアメリカ大陸に「出稼ぎ」をするようになった。代わって導入されたのが、インド人や中国人、日本人などであった。砂糖キビ栽培の労働力は、黒人奴隷からアジア人の手にかなりの程度、移行したのである。カリフォルニアやオーストラリアの金鉱が、中国人「苦力《クーリー》」を引きつけたことはよく知られていよう。アフリカにおける鉱山開発やプランテーション経営が、黒人の強制労働の確保につとめつつ、インド人移民を大量に吸収した結果が、南アフリカ情勢を複雑にしたことも、よく知られている。

3　周辺労働力の再編成

こうした人間の大量移動は、要するに、「中核」部が工業化の局面に入った世界システムの労働力の配置転換の現れとみることができる。すなわち、いっぽうでは、相変わらず、食糧・原材料供給のための「周辺」部への労働力の補給が行われた。オーストラリアやカリフォルニアの金鉱への中国人クーリーの移動やハワイ・南アメリカへの日本人の移動などは、まさしく、重商主義時代にアフリカの黒人が労働力として、強制移動（奴隷貿易）させられたのと、同じ要請にもとづくものであった。

南アフリカの鉱山での黒人労働者も同じである。彼らは、アフリカ大陸内部の移動を経験したわけだが、考え方によっては、のちのアパルトヘイトの時代にいたるまで、事実上の強制労働に従っていたということもできる。アジア内部でも、茶や棉花やゴムなど、「世界商品」のプランテーションが成立したところには、近隣地域から大量の労働力の移動がみられた。十九世紀は、まさにヨーロッパを中核とする近代世界システムが地球全体を覆った時代である。したがって、このような周辺部での食糧・原材料生産のための労働力の再配置も、全地球的に展開したのである。たとえば、エジプトの棉花栽培でも似たような現象がみられた。

ただし、「組織的移民」の実践されたニュージーランドのケースは、「世界システムの周辺部への労働力補給」とばかりはとらえにくいかもしれない。

もう一つの移民吸収地であったアメリカ合衆国はどうか。合衆国自体は、半周辺からいまや「中核」国にのしあがり、やがて次の世紀中ごろには、ヘゲモニー国家とさえなるはずである。むろん、アメリカへの新しい移民、とくにアジア系移民は、工場労働者となるよりは、農業労働者となるのがふつうであったが、それにしても、世界システムが全地球を覆うようになると、かつてのアフリカ人奴隷のように「システム外」からもち込まれる労働力というものは存在しなくなる。つまり、世界システムのレヴェルで、アーサー・ルイスのいう「無限の労働供給」を前提にはできなくなってしまう。そうなると、「周辺」地域間で労働力を移動させ、より適切な配置に再編成する以外に、方法がなくなるのである。

（D. O. Cordell & J. W. Gregory eds., *African Population and Capitalism: Historical Perspective* (London: Westview, 1987. 北川勝彦氏による）

図 13-1　植民地期南ローデシアにおける鉱業の発展とアフリカ人の移動

4 「世界の吹き溜まり」の成立

こうして、「移民の世紀」となった十九世紀の移民の基本パターンは、「周辺」間の労働力の再配置であった。しかし、たほうでは、「中核」の高い賃金と生活水準を求めて、労働力の「周辺」から「中核」への移動もたえず発生したことも間違いない。それればかりか、同じ「中核国」間においても、よりヘゲモニーに近い国への労働力の移動はたえず起こる。その結果、ヘゲモニー国家の首都、つまり世界のメトロといえるような都市には、決まって大きなスラムが成立することになる。ニューヨークしかり、十九世紀のロンドン（イーストエンド）しかりである。また、すでに十七世紀のアムステルダムにしても、「世界の吹き溜まり」の感があった。ヘゲモニー国家の首都は福祉の水準が高いことと、そこには世界の富と財が集中するため、いわゆる「都市雑業」のたぐいや港湾労働の需要がきわめて高くなるからである。十九世紀ロンドンのイーストエンドには、アイルランド人と世紀末、東ヨーロッパで迫害（「ポグロム」）を受けたユダヤ人が集中した。この事実は、この地域にカトリック教会とシナゴーグ〔ユダヤ教の教会〕が異常に多い事実によって、再開発のすすんでいるいまでも確認できる。

これと同時に、「周辺」諸国においても、首都への異様な人口集中がみられるようになる。いわゆる開発途上国の首都には、異様な人口集中が起こるのがふつうである。世界システムの作用にもとづく、「雑業」の集中がたぶんその背後にあるといえよう。近代世界システムは、その作用によって、「中核」「周辺」それぞれの地域の中心都市に人間を集中させたのである。

第14章　パクス・ブリタニカの表裏

――帝国の誇示と儀礼

イギリスの繁栄の象徴といわれた一八五一年のロンドン万国博と、一八七七年のインド帝国式典をとりあげつつ、大英帝国の繁栄とその陰り、とくにアジア支配の在り方について論じる。

1 「パクス・ブリタニカ」の象徴としての水晶宮

十九世紀の世界システムは、工業化されたイギリスの「ヘゲモニー」のもとに展開した。インドをはじめとして世界各地に植民地ネットワークを張り巡らせたイギリスは、ロンドンからオーストラリアやニュージーランドまで、世界地図の上に赤く塗られた自国領のみを通って行ける「オール・レッド・システム」を構想するまでになった。こうした「公式帝国」は一九三一年に面積が最大となったが、イギリス帝国はこのような「公式帝国」だけからなっていたのではなく、広大な「非公式帝国」、つまり、政治的にはイギリス領ではないものの、事実上、経済的に従属しているといえる地域を抱えていた。アルゼンチンやチリやブラジルなど、ラテンアメリカのほとんどの国は、アメリカ合衆国が影響力を強めるまでは、イギリスの「非公式帝国」の中心

たのである。

こうして、古代の「ローマの平和」になぞらえて、「パクス・ブリタニカ（イギリスの平和）」と呼ばれた安定的な世界秩序が、イギリスの圧倒的優位のもとに築かれたのである。

イギリスがこのような立場を確立したことを象徴する出来事として、しばしば取り上げられるのが、ヴィクトリア女王の夫アルバート公が発起人となって一八五一年に開催されたロンドン万国博覧会（The Great Exhibition）である。イギリスの工業化（産業革命）が完成し、「世界の工場」となったことを象徴しているといわれるこのイヴェントは、同時にヴィクトリア女王がみずから出席したその開会式に、世界各地からの代表を招き、大英帝国の威容をも目にみえるかたちで誇示したものであった。呼ばれもしないのに、何食わぬ顔でパレードを先導したのが、中国人の軽業師であったというエピソードも、このイヴェントの「世界性」を示唆している。

この博覧会は、要するに、世界に先駆けて工業化に成功した当時のイギリスの最先端の科学技術を誇示し、世界各地の文物を紹介する試みでもあったから、産業革命の成果と大英帝国の威信を目にみえるかたちで示すことになった。

図 14-1　近代技術の華となったクリスタル・パレス（水晶宮）

※図は、博覧会終了後、ロンドン郊外のシデナムに移設されたもの

ハイド・パークに突貫工事でつくられた総ガラス張りの主会場「水晶宮」は、その象徴となった。四〇カ国が参加し、見学者六〇〇万人を数えたこの万国博を機に、イギリスにはトマス・クックなどの旅行業者が成立し、旅行が一般の娯楽となった。以後、万国博は、パリをはじめ各地で開かれ、日本は一八六七年のパリ博に初参加する。一九七〇年の大阪万博や、のちの韓国のそれが、上昇した国力の誇示の意味をもっていたのは、このイヴェントの当初からの性格によるものである。

ともあれ、このイヴェントは、それ自体、帝国支配の権威づけとしてきわめて大きな意味をもったことはいうまでもない。開会式の日のヴィクトリア女王の日記には、興奮した言葉が躍っている。しかし、興奮したのは、女王だけではなく、この場に出席した世界各地からの使節団でもあり、地方からこの日のために上京したイギリス人でもあった。

2 科学技術の祭典としてのロンドン万国博

ところで、この博覧会は、当然イギリスの技術や生産力の優位を誇示するものであったから、そこで催された技術のコンクールでは、圧倒的にイギリスのものが入選した。しかし、このときアメリカから出品されたものが二つ入選しており、世紀後半のイギリスとアメリカの技術や生産力の関係を予め予想させるものとなったといわれる。すなわち、このとき、アメリカ製のピストルとミシンが入選したのである。

ピストルは、今日にいたる「銃社会アメリカ」の暗部を予期させるものでもあるが、ミシンは典型的な「労働節約」的発明品として、あとから考えれば、まもなくアメリカの生産能率がイギリスを抜いていく可能性を象徴的に示していたといえる。じっさい、一八七三年以降の「大不況」を契機に、アメリカとドイツが製造業の分野でイギリスを凌駕していくことになる。イギリスの相対的地盤沈下の原因の一つは、技術革新の遅れにあったことは確実である。とすれば、イギリスはどうしてアメリカに、技術の面で抜かれたのか。

この問いには、イギリスの歴史家H・J・ハバカクの提示した答えがよく知られている。すなわち、土地をはじめとする（自然）資源の豊かなわりに労働力の不足しているアメリカでは、「労働節約」的な技術革新がすすむ誘因があったが、イギリスには、労働節約的革新を推進する条件が乏しかった、というものである。むろん、イギ

マルタ
キプロス
イラク
パレスチナ
ニュー・デリー
インド
カルカッタ
ボンベイ
香港
スーダン
マリランド
セイロン
マラヤ
北ボルネオ
ブルネイ
サラワク
シンガポール
ウガンダ
ケニア
Z
セーシェル
北ローデシア
タンガニイカ
ニアサランド
南ローデシア
モーリシアス
SWA
BP
B
S
南アフリカ
ケイプ・タウン
ギルバートエルス諸島
ニューギニア
ソロモン諸島
パプア
ニューヘブリデス
フィジー
トンガ
オーストラリア
シドニー
キャンベラ
メルボルン
オークランド
ニュージーランド
B　バストランド
BP ベチュアナランド保護領
S　スワジランド
SWA 南西アフリカ
Z　ザンジバル

より）

図 14-2　1931 年のイギリス帝国（A・J・クリストファー『景観の大英帝国』

リス企業にしても、労働コストを下げることができれば、増収につながったことは間違いない。しかし、現実には、アイルランドからの移民など、安価な労働力に恵まれたイギリス産業界は、アメリカのような深刻な労働力不足には直面しなかったからである。その好例が、ミシンにかかわる縫製業である。

イギリスの縫製業は、その大半がロンドンで行われた。従来、産業革命の歴史は、ランカシアの綿織物工業の発展をしかいわないものが多いが、いうまでもなく、人びとは、マンチェスターでつくられた反物を着て歩いたわけではない。綿織物は、裁断され、縫製されてはじめて「衣服」となる。しかも、織物を製造する工程と縫製とでは、付加価値はほぼ同じであったとされているので、「織物」の製造をしか語らない産業革命史は、ものごとを半分しかみていないことになる。

ところで、ロンドンの縫製業は、もともと仕立て職人の手にあり、名誉ある職人技であった。しかし、まさしく世界システムのなかでイギリスのヘゲモニーが確立していくプロセスで、この職種は急激に地位の低下を経験する。「苦汗労働（スウェティング）」と呼ばれる一種のスラム産業化が起こるからである。縫製の工程は、簡単な部分工程に細分され、それぞれの部分が下請けの手内職に出されるようになる。また、世界システムの核としてロンドン港が急速に発展すると、その港湾労働を支えるために膨大な人数の肉体労働者がロンドン東部の港湾地区、つまりイーストエンドに蝟集《いしゅう》する。同時に、彼らの妻や娘は、きわめて安価な「苦汗労働力」となったのである。人種や民族の観点からいえば、その多くは、アイルランド人かユダヤ人からなっていたはずである。

このような条件のもとでは、「お針子」の労働を画期的に節約するミシンの発明を促すような要素はない。イギリス人がミシンの発明でアメリカに先を越されるのは必然であったともいえよう。しかし、いったん発明されてみれば、むろんミシンの威力は大きい。イーストエンドのスラムにも、「週賦販売」によって、世紀末には、アメリカに本拠をおくシンガー社のミシンが洪水のように流れ込む。それこそ、いわば世界システムにおける主役交替の前兆だったのである。

3　インド帝国式典（一八七七年）

話がそれた。イギリス帝国の威容を目でみえるかたちで誇示しようとするイヴェントは、ほかにも多数催された。ヴィクトリア女王の誕生日や即位記念、結婚記念のイヴェントが頻繁にもたれた。とくに一八九七年の即位六〇周年記念(「ダイアモンド・ジュビリー」)はよく知られていよう。一八七三年以降の「大不況」期になると、公式帝国への期待はいっそう強まっていくだけに、本国・植民地関係の再編、強化もはかられるようになった。一八七七年にヴィクトリアを女帝とするインド帝国の成立が宣言されたのは、そうした動向の一環であった。

ところで、この帝国の成立を宣言するために、デリーで開催された「帝国式典 The Imperial Assemblage」は、かつてのロンドン万国博覧会にも匹敵する一大イヴェントであった。ここでいうインド帝国は、事実上は大英帝国の一部だったわけだから、ここでもそれはイギリス帝国の威容を誇示するものであった。というより、この大式典は、ムガール帝国の権威の体系にイギリスの権威の体系を接ぎ木する、決定的な催しであった。

もともと一八五八年に赴任した初代インド副王キャニング卿は、インド各地を旅行し、ムガール朝風の謁見の儀式(ダルバール)をしきりに実施した。この儀式においては、ナザールと呼ばれた金貨かペシュカシュと呼ばれる象や馬、宝石などが上納されるのにたいして、皇帝は相手の位階に応じて、ケラート、すなわち衣装や装飾品を下賜《かし》するのである。下賜された衣装や宝石には、皇帝の身体が乗り移っていると考えられ、それによって家臣は皇帝と一体化することができるとみなされていたのである。しかし、このような儀礼は、当時のイギリス本国では理解されず、単に物品の経済的交換とみなされたため、この金貨や象の上納は贈賄とみなされることになった。キャニングのような現地のイギリス人は、ナザール・ケラート交換の社会的意味を十分に理解していたが、本国の批判者たちを納得させることは困難であった。こうした理解の違いには、そもそもインド社会が自治能力を絶望的に欠き、進化の可能性がまるでないのか、いまは封建社会だが、いずれは近代化するはずの、遅れているだけの社会なのかという、基本的な見方の違いも横たわっていたものと思われる。現地の慣習・習俗をどこまで認めるかという点では、この論争は中国にきたヨーロッパ人キリスト教徒のいわゆる「典礼問題」と同じであった。

インド社会の進歩の可能性を認めない立場からは、当然、イギリス風の権威や価値の体系をもち込むことが考えられた。一八六一年に「インドの星」騎士団が設立されたり、イギリス風叙勲式がもたれたりしたのは、その現れであった。一八七〇年代になって、帝国の引き締めが必要になったとき、この二つの権威の体系——すなわち、イギリスのそれとムガールのそれ——を融合させる必要が生じた。このような「イギリス風・インド風」文化様式の追求は、一八七五年、皇太子のインド旅行などを契機に、その気運が高まった。一八七六年に「国王称号法」が成立し、ヴィクトリアが「インド女帝」となることが決められた。しかし、この法律がイギリスでもインドでも評判が悪かったために、反対を静めようとした首相ディズレーリとインド相ソールズベリ、新しくインド副王に決定したリットン卿などが計画したのが、この「帝国式典」であった。

「イギリス女王の権威とムガール皇帝の冠を合わせる」必要があるというのが、リットンの立場であった。したがって、場所もコルカタなどではなく、いまは荒れ果てているにしても、ムガール朝の首都デリーでなければならないというのが、リットンの意見であった。「現地貴族の熱狂をかきたて、彼らの共感と忠誠を得る」ことが彼の目的であった。リットンのみたところでは、公正であるとか、灌漑施設への投資を行うなどといった、イギリス的な意味で「立派な政治」を行うだけでは、とうてい現地の有力者の支持は得られない。大事なことはムガール朝の権威に乗っかるということ

図 14-3　帝国式典（デリー）（Mary Lutyens, *The Lyttons in India*, 1979より）

であった。

しかし、たんにインドの価値序列を認めるだけでは、イギリスにとって不都合である。というのは、そもそもムガールの称号は、皇帝と個々の貴族との一対一の「乗り移り」の関係になっているため、全体としての階梯になっていない。ラージャとマハラジャ、ナヴァーブ、バハドゥールなどの称号はでたらめに使われているようにみえ、上下関係とも、領地の大きさなどの実態とも、まったく関係していない。このような「現地貴族」をイギリス的に再序列化することは、絶対に必要なことである。

このような目的のため、イギリス人は、すでにコルカタに紋章院を設立し、紋章を登録させるなどイギリス風の身分体系を取り入れようと試みていた。「帝国式典」はこの方針をいっそうすすめる好機でもあった。こうして、九〇人の第一級インド人貴族に、①ヨーロッパ風の楯のかたちの旗、②家紋つきのコート、③家系の紋章そのもの、を与えることになった。③の家紋には、家系の歴史が刻まれることになるから、いわば家系の歴史そのものを与えるということである。この背景には、イギリスにおけるインド学ブームがあり、インド文化の研究がすすんだということもあった。いずれにせよ、こうして、かつて謁見式で行われた、神秘的なナザール・ケラート交換に代わって、「帝国式典」を契機にイギリス風のナイト叙勲儀礼がもち込まれたのである。インド＝封建社会説に立っていたリットンとしては、当然のかたちであった。

こうして開かれた「帝国式典」は、縦一・五マイル、横〇・五マイルの扇型式場にインド人、ヨーロッパ人、双方の「貴族」を集めて行われた。総参加者は八万四〇〇〇人に達し、現地は多くの有力者が一族・郎党を引き連れてキャンプを張ったため、大混乱にもなった。玉座には、イングランドのバラにスコットランドのアザミ、アイルランドの三つ葉のクローバーに加えてインドの蓮があしらわれた。十二月二十三日、リットンの到着で式典が始まり、ヴィクトリア女王を「インド女帝」とするむねの宣言がなされた。式典は四日にわたって展開された。

同時代のイギリスでは、かなり評判の悪かったこの式典は、従来、たんなるエピソードとして無視されることが多かった。しかし、この式典は以後の公式セレモニーの原型ともなった。たとえば、一九〇三年の戴冠式もほぼこのかたちで行われた。独立運動を展開したインド国民会議派の会合でさえ、これにそっくりの形式であったといわれている。それが変わるのは、一九二〇年からのガンジーによる対英非協力運動が始まってからでしかなかった。

イギリスによるインド支配は、ほんらいは軍事力によるもので、イギリス的権威のためなどではなかった。しかし、ムガール朝を排してイギリス国家が支配者となろうとするとき、伝統的な権威の利用は不可欠であった。「帝国式典」は、インド支配を円滑にすすめるうえで大きな役割を果たしたというべきであろう。

第15章　ヘゲモニー国家の変遷

——世界大戦への道

十九世紀七〇年代以降、イギリスのヘゲモニーは衰退しはじめる。アメリカ合衆国とドイツが、近代世界システム内での地位を向上させ、新たなヘゲモニー国家をめざすことになったからである。十八世紀にヘゲモニーを争った英・仏両国などにくらべて、イタリアとともに国民国家の統一が遅れていたドイツと、かつてイギリスの植民地支配を受けていたアメリカが、それぞれシステムの内部で自己主張を強めたのである。オランダやイギリスのような海洋国家とは違って、この二つの国は、広大な国土をもつ、大陸型の国家という特徴をもっていた。

こうした、「中核」内の変化と並んで同時に、この頃、近代世界システムは、全体として、決定的ともいえる歴史的変化を経験していた。近代世界システムが地球のほぼ全域を覆い、新たな「周辺」を開拓する余地がなくなったということである。「世界」は「地球」と同義になり、近代世界システムは危機的な状況を迎える。「アフリカ分割」を契機に、世界がいわゆる帝国主義とよばれる領土争奪戦に突入するのはこのためである。

1 「世界の工場」から「世界の銀行」へ——イギリスのヘゲモニーの衰退

十九世紀最後の四半期に入ると、近代世界システムが地球全体を覆い、地球上に「近代世界システム」（すなわち「ヨーロッパ世界システム」）以外の世界システム——たとえば、「中華システム」とか、「地中海世界」とか——がなくなってしまった。こうなると、「成長・拡大」を当然の前提としてきた（「成長パラノイア」）近代世界システムは、十七世紀と同様の危機に陥った。その危機の明白な表れが一八七三年に始まった「大不況」であった。

近代世界システムは資本主義の世界システムであったから、資本主義に特有の好況の局面と不況の局面を繰り返す傾向が顕著で、すでに、十九世紀初頭以後、だいたい一〇年くらいの周期で「恐慌」とされるような、深刻な不況を経験してきた。たとえば、一八四八年の経済危機は、ヨーロッパ全域に社会不安を引き起こし、フランスの二月革命をはじめ、ベルリン、ウィーンなどにも革命を引き起こした。同年、ロンドンでは、マルクスとエンゲルスが『共産党宣言』を発し、チャーティスト運動が頂点に達した。この一八四八年の全欧的危機をもって、「資本主義的経済循環」が確立したことを示す証拠だとして、ここを産業革命の完成期とみなす意見もあるほどである。しかし、十九世紀前半であれば、このような危機はあっても、イギリスは、ラテンアメリカなどに、その帝国を拡大しつづけるかたちで、中・長期的にはその経済力を強化し、成長し続けたということができる。ところが、一八七〇年代を転換点として、とくに世紀末になると、状況は大きく変わった。近代世界システムそのものは、いまや地球全体を覆ってしまい、新たな拡大の場所がなくなった。そのため、世界システムの作用の仕方が大きく変わったのである。また、ドイツとアメリカという、二つの新興国が台頭し、「中核」国家となったばかりか、ヘゲモニー国家としてのイギリスの行く手に立ちはだかることにもなった。

十九世紀中葉、世界で最初の工業化を経験し、ヴィクトリア女王支配下に世界帝国を築いて、繁栄を極めたかにみえたイギリスであったが、一八七三年以後は、その繁栄にも急速にかげりが見え始めた。この年、ウィーンから始まった「大不況」は、まもなく世界的な広がりをみせ、ヨーロッパはもとより、アメリカ合衆国にも深刻な影響を与えた。

「大不況」それ自体は、イギリスには直接の影響は比較的少なかったともいわれている。しかし、ドイツやアメリカが「大不況」からの脱出をはかるなか、唯一の工業国としてのイギリスの地位は、このあたりから急速に低下しはじめる。工業化の波は、すでに十九世紀前半にも、いまのベルギー地域、北フランス、ドイツ西部などに波及しはじめていたし、南北戦争の傷跡が癒えはじめたアメリカ合衆国でも、工業化が進展しはじめてはいた。しかも、アメリカとドイツの工業化には、イギリスやフランスのそれとは趣を異にする、重要な要素が少なくなかった。すなわち、イギリスが成功した第一次産業革命は、いわば「鉄と石炭」のそれ——つまり、素材として木材から鉄への転換があり、エネルギー源としては化石燃料への転換があった——であったが、いまや世界の技術水準は「ガスと電気」の時代となりつつあった。また、イギリス型の小規模な工場ではなく、大規模な経営、大規模な生産組織を特徴とする「第二次産業革命」の時代に突入しつつあったからである。

アメリカの製鉄業やのちの自動車産業、ドイツの製鉄業や化学工業、コンツェルンやトラストのような巨大組織に支えられた重・化学工業には、イギリスはまったく対応できなくなっていくのである。蒸気機関車を全国に走らせることで達成されたイギリスの産業革命は、電車や自動車の時代には、容易に対応しきれなかった。一度できあがった社会や技術の体系は、それが不利で、時代遅れだとわかっていても、これを改変することは難しい。「経路依存」といわれるような歴史的傾向が、いつもつきまとうのである。著名なイギリス産業革命の研究者が「産業革命は観光資源になった」と切り捨てたのは、けだし名言である。

十九世紀の統計を見ると、産業革命以後のイギリスは、じっさいに「世界の工場」であった時代はごくわずかで、まもなくモノの輸出入では、どんどん赤字を拡大させていくようになる。世紀後半にはモノの貿易だけをとると、圧倒的な輸入超過となる。たとえば、世界の工業製品輸出に占めるイギリスのシェアは、一八七〇年代にはなお、四五パーセント前後で、むろん第一位であったが、八〇年代になると四〇パーセントを切り、世紀末には、三〇パーセントをも下回るようになった。

もっとも、少なくとも、第一次世界大戦の始まる一九一四年までは、モノの貿易の赤字は、商業・海運サービスと保険、資本輸出の利益で、十分に埋まっていた。イギリスは「世界の工場」というよりは、「世界の銀行」となったのである。イギリスは、モノづくり、つまり工業ではなく、金融とサービス業で生きる「ジェントルマン資本主義」の国となり、マンチェスターではなく、シティこそが、この国の顔となったのである。それは、十七世紀中葉にヘゲモニーを確立したオランダが、その世紀の末以後に示した姿に酷似している。

このことが、イギリスの「経済的衰退」を意味したのかどうかは、議論の分かれるところである。この問題は、この頃から二十世紀の終わりまで議論され、とくにサッチャー首相の時代には、きわめてホットな論争となった（簡単には、川北稔『イギリス近代史講義』講談社現代新書、第五章参照）。しかし、オランダの先例をみても、ヘゲモニー国家は、まず工業の競争力を失い、やがて商業、金融・海運などの競争力をも喪失していく。ヘゲモニー国家への道が螺旋状であったように、ヘゲモニーの喪失過程にもまた、螺旋状、つまり、累積的な因果関係が作用するからである。シティの金融をベースとするようになったイギリスもまた、第一次世界大戦後は、少なくとも、「ヘゲモニー国家」といわれるほどの力はなくなった。

2　新しいヘゲモニー国家を目指して――ドイツ・アメリカ

十七世紀末、オランダのヘゲモニーが衰退しはじめると、イギリスとフランスがその地位を狙って、激しい抗争を繰り返した。いわゆる第二次百年戦争、別称、植民地百年戦争である。一六八九年からナポレオン戦争の終わりまでとすれば、百年を遥かにこえる抗争である。この際、旧ヘゲモニー国家であるオランダの「金融」の力が、イギリスを圧倒的に優位にしたことは、すでにみた。

とすれば、十九世紀末以来のイギリスのヘゲモニーの衰退についてはどうか。イギリスの跡目を争ったのは、ドイツとアメリカ合衆国、さらに多少視点を変えれば、ロシアであったかもしれない。十九世紀末、すでにイギリスは、かつてのオランダと同様、「世界の工場」よりは、「世界の銀行」、つまり金融の力に頼る国になっていた。

他方、フランスとの戦争を有利に展開していたプロイセンは、「大不況」の直前、一八七一年に、ドイツ帝国の形成にこぎ着け、ビスマルクの指揮下に、急速な工業化を展開しつつあった。十九世紀末以降のドイツの台頭は、イギリスでは「脅威」(「ジャーマン・スケア」）として受け取られた。今日、日本人の一部にある反中国の言説と共通した心性である。世紀の転換期に、「世界」を支配するイギリスの海軍力に、ドイツが挑戦しようとし、イギリスがこれに対抗してドレッドノート型の戦艦を建造したことなどから生じた、いわゆる建艦競争は、その顕著な表れであった。

他方、アメリカの台頭に対するイギリス人の反応は、ドイツに対するそれに比べると、政治的・軍事的には、穏やかなものであった。同じアングロ・サクソン系の国民だという意識——白人中心のまったく偏った認識ではあったわけだが——が、その背景になっていた。この事実はずっと後まで、アメリカとの関係を「特別の関係」とするイギリス外交の基本方針にも表れている。しかし、文化的には、事情はかなり違っていた。「アメリカ文化」に対する嫌悪感が広がり、イギリスの文化を以前にもまして「ジェントルマン的」なものとして、アメリカのそれと対比する傾向が強まった。ジェントルマン的価値観の真髄とされた、反工業的・反都市的・反技術的な性格が異様に称揚されていくのは、アメリカの企業を中心とする大量生産、物質主義に対する反動でもあった。

こうして、世界システムの観点からすれば、十九世紀末・二十世紀初めは、近代世界システムに地理的拡大の余地がなくなるとともに、イギリスのヘゲモニーの衰退と、ドイツやアメリカによるその後継争いが顕在化していく時期であった。しかし、新たなヘゲモニーが確立するには、なお、二十世紀前半の二つの世界戦争を経過せざるをえなかった。

3 帝国主義と反システム運動

十九世紀末・二十世紀初めはまた、いわゆる帝国主義の時代でもあった。世紀末、「中核」の欧米諸国は、アジア・アフリカ・ラテンアメリカの植民地をめぐって、激しい抗争を繰り広げた。それは、いわば、地球上の最後の土地の「周辺」化をめざす動きであった。「アフリカ分割」は、とくにその顕著な例である。イギリスのヘゲモニーは衰退しつつあったから、この動きには、フランスやドイツ、アメリカ合衆国、そして日本まで、多くの国々が参入することになった。

このように考えると、帝国主義とは、地球上の残された「周辺化」可能な地域をめぐる、中核諸国の争奪戦であったということができる。したがって、ほぼすべての土地が近代世界システムに呑み込まれ、新たに「周辺化」できる土地がなくなったとき、つまり、「地球」と「世界」が同じ意味になったとき、この争いは、ホットな戦争につながらざるをえなかった。二十世紀前半の地球が、二つの「世界戦争」を経験するのは、近代世界システムのこの状況の反映だったのである。

しかも、二十世紀前半、近代世界システムのこの局面は、同時に、イギリスのヘゲモニーに代わる、新たなヘゲモニー国家の地位をめぐる争いの時期でもあった。その主役となったのは、ドイツとアメリカであった。いうまでもなく、第一次世界大戦は、一九一四年、ヨーロッパ内の紛争をきっかけとして始まり、英・仏とドイツの対抗関係が中心であったが、結局は、一九一七年のアメリカの対独参戦とロシア革命によって、終結した。第二次世界大戦もまた、ヨーロッパの戦争の最終局面は、アメリカとドイツの戦争となって終結した。二十世紀前半の世界システムの基調には、アメリカとドイツのヘゲモニー争いという潮流が流れていたのである。二つの世界大戦を経験して、新たなヘゲモニーを確立したのがアメリカであったことは、いうまでもない。

すでに触れたように、この二つの大国には、海洋国家イギリスにはなかった大陸国家としての性格が共通していた。アメリカの場合は、大西洋と太平洋の両方に対面し、カリブ海にもつながる海洋国家の側面もあったものの、広大な国土をもち、資源大国でもあったから、この二つの国のどちらがヘゲモニー国家となるにしても、ヘゲモニー国家と世界システムの「周辺」との関係は、国内にあまり多くの土地や資源を持たなかったオランダやイギリスのそれとは、いささか違ったものになるはずであった。いまや地球の全域を覆ってしまった近代世界システムは、その姿を多少とも変えようとしていたのである。

他方、ロシア革命で成立した最初の本格的社会主義政権、ソ連は、資本主義を前提とした近代世界システムに全面的に対抗する——世界システム論では、反システム運動とよばれる——と考えられがちである。しかし、ソ連も、その後に成立した多くの社会主義政権も、近代世界システムの「外」に身を置き続けることはできなかった。たしかに、レーニンのあとをついだ指導者スターリンは、いわゆる「鉄のカーテン」を巡らして、社会主義圏の資本主義世界からの隔離を目指したともいえる。とはいえ、社会主義経済の実験は、初期の五カ年計画には成功したが、第二次世界大戦後の冷戦のさなかにあってさえ、東西の文物の交流が完全に停止しえたことはない。ウォーラーステインが、なおベルリンの壁が健在であった早い時期に指摘したように、ソ連も中国も、資本主義的世界システムのなかにある「反システム的な政体」（社会主義政権）であるにすぎなかった、と思われる。

結びにかえて——近代世界システムとは何であったのか

1　アメリカのヘゲモニーの盛衰

第二次世界大戦は連合国側の勝利となって終わり、戦後の世界では、アメリカのヘゲモニーが確立した。同時に、戦後には、東欧やアジアに多くの社会主義国が誕生した。世界は一体化したのではなく、「鉄のカーテン」で仕切られ、資本主義世界と社会主義圏とに分裂しているとみる見方が広がった。米ソの対立を軸として、東西の「冷戦」が続いたことも事実である。「ベルリンの壁」がこの分裂の象徴ともなった。

しかし、他方では、地球全体はすでに経済的に一体化しており、現実の東西交流は、全面的に停止することはありえなかった。文字どおりグローバルな（全地球的な）分業体制となった近代世界システムは、社会主義圏を巻き込んだかたちで生き続けたのである。同時に、この世界システムの内部では、アメリカの経済力が圧倒的で、製鉄業・自動車、航空機その他、あらゆる工業分野でその優位が確認された。しかも、かつてのヘゲモニー国家、オランダやイギリスとは違って、広大な領土と科学技術を利用して、農業生産でも世界的優位を確保していた。貿易でも、一九四七年にGATT（関税と貿易にかんする一般協定）によって、ヘゲモニー国家となったアメリカに有利な、自由貿易の体制が確保された。

ヘゲモニーのもうひとつの条件となる金融の分野での優位も、早くも一九四四年のブレトン＝ウッズ協定によって、ドルがイギリスのポンドに代わる、世界の基軸通貨となることが明確になった。こうして、戦後の世界史は、政治史的な観点から「冷戦」が強調されがちだし、経済的にも資本主義対社会主義という、対抗関係ばかりが目立っていたが、世界的分業の観点からすれば、その底流には、すでに一体化が進行していて、ソ連圏というものも、近代世界システムの一部にしかすぎなかったことがわかる。しかも、その世界システムのなかでは、アメリカの優位が、生産、商業、金融のいずれの側面においても、明らかになりつつあった。

とはいえ、かつてのオランダやイギリスのヘゲモニーがそうであったように、アメリカのヘゲモニーも、長くは続かなかった。政治的には、米・ソ対立があったために、第三世界、つまり世界システムの「周辺」への支配は、米・ソによる開発援助競争というかたちをとらざるをえなくなった。しかし、世界システムの構造上、すべての「周辺」を「中核」に引き上げることは不可能であったから、第三世界を取り込む競争は、容易に決着しなかった。このため、戦後のアメリカは、太平洋戦争終了後も、朝鮮戦争、ヴェトナム戦争、ついで中東の戦争と、主としてアジアで、戦争を続けざるをえないことになった。とくにヴェトナム戦争の打撃は大きく、ブレトン＝ウッズ体制を揺るがせた一九七一年のドル・ショック以降は、ヘゲモニーをしだいに喪失しつつあるとみられる。敗戦国であったドイツと日本が「奇蹟」の経済復興をとげ、たとえばアメリカの基幹産業であった自動車産業を脅かすようになると、その傾向は明白となった。ドルはいまも世界の基軸通貨ではあるものの、円やユーロが同時に、世界的に通用するようにもなっている。

2 世界システムの変質

十九世紀末、地球上に新たな「周辺」となるべき未開拓の土地はなくなった。近代世界システムは、地理的拡大によって、新たな資源供給地を確保し、「飽くなき成長」を遂げるという、その本質を変えざるをえなくなった。ひとつには、オランダやイギリスのような、土地資源の乏しい国がヘゲモニーを確保することは、困難になった。広大な国土をもち、むしろ国内にも、中核・周辺構造をもつアメリカのような国が有力になったのである。二十世紀後半以降の世界システム、つまり、アメリカのヘゲモニーが確立し、ついで、それが衰退していく過程は、世界システムの本質が変化していく過程でもあった。

むろん、近代世界システムの本質の多くは、今日に至るまで維持されている。「中核」が「周辺」に資源を求め、工業製品を提供することも、その貿易が不等価交換であって、「中核」に有利になっていることにも、変わりはない。しかし、一九六〇年代に、人類の最大の課題であり、世界システム論が提起される最大の理由ともなった低開発問題、いわゆる「南北問題」は、その様相を大きく変えている。当時、低開発国の典型とされた中国は、いまや世界経済を動かす存在となっている。また、ラテンアメリカやアフリカの諸国にしても、ブラジルのように、たんなる低開発国とはいえなくなっている国が少なくない。

これらの事実は、近代世界システムが地球全体を覆ってしまい、資源供給源としての新たな「周辺」を得られなくなったことと関係している。その結果、資源というものが、従来の歴史にはなかったほどの意味をもつようになり、資源を供給する「周辺」のシステム内での地位が向上しているというべきである。

中核諸国は、もちろん、従来どおり、「新たな周辺」を求める動きを続けてもいる。従来とは異なる、新たなタイプの「周辺」も求められている。軍事的な意味もあって、最初に注目されたのは、宇宙開発である。しかし、資源開発という観点では、これまでのところ、宇宙はまったくペイしていない。一四九二年にコロンブスがアメリカに渡ったとき、その結果、開ける経済的可能性は明白であったから、一〇年もすると、一〇〇隻近い帆船が、毎年、航海の危険をものともせず、大西洋の荒波をこえるようになった。この現象が、近代世界システムの確立をもたらしたことは、本書がこれま

で明らかにしてきたことである。これにくらべると、一九六九年にアームストロング

船長が月に降りたって以来、宇宙の経済開発はまったくといっていいほどすんでい

ない。いまや、むしろ、経済的には、圧倒的に海底資源が注目されている。北海油田

の開発や、近年の中国周辺の領海争いは、その現れである。

かつて典型的な低開発国とされていた国のなかに、いまやその容貌を大きく変えている国がほかにもある。世界システム内における、物づくり、つまり製造工業の位置づけの変化が大きな要因である。インドの例をみれば、この間の事情はよくわかる。マルクスやマックス・ヴェーバーのような、かつての社会科学の有力な理論では、インドはあらゆる意味で中国と並ぶ低開発国の典型とされていた。しかし、現在のインドは、国内に大きな格差を抱えながらも、情報技術などを軸に著しい経済発展をとげ、世界経済にも一定の発言力をもっている。いまや日本の新聞でさえ、上海はもとより、ムンバイの株式市況をも報じるようになっている。

コルカタやムンバイなど、インドには工業化の動きもなかったわけでは毛頭ないが、近年のその台頭には、あきらかに情報通信技術の展開が大きな力となっている。開発

とは、すなわち工業化のことであり、工業化された国こそが「中核」国であるという、かつての近代世界システムの通則が、微妙にゆらいでいる証拠が、ここにみえるというべきである。「生産」に基礎を置かず、金融と情報を基礎とする地域が世界システムの中核の一部となるとき、世界システムのあり方は、変わらざるをえなくなるであろう。

ちくま学芸文庫版へのあとがき

「世界の一体化」という表現をよく聞きます。しかし、この表現は、厳密にいうと間違いです。「世界」とは、もともと何らかの意味で「一体化」しているまとまりのことをいうのだからです。じっさい、もともと地球上には、「世界」が沢山ありました。「地中海世界」や「中華世界」、「インカ世界」などです。歴史学上、「帝国」とよばれるものは、それ自体ほぼひとつの「世界」でした。帝国の支配者たる「皇帝」は、国王とは違って、理念上「世界」を支配しているので、自己と対等の者の存在を認めなかったのです。

ところが、こうしたさまざまな「世界」は、一五〇〇年頃以後の歴史において、しだいにヨーロッパを中心とする「近代世界システム」に吸収されていってしまいます。中世のヨーロッパは、神聖ローマ皇帝のもとに、理念的にはひとつの「帝国」であったともいえますが、近代世界システムは、帝国として政治的に統合されておらず、たんなる大規模な分業体制として成立したことが特徴です。しかも、この近代世界システムには、「飽くなき成長・拡大」を追求する内的動機（私は「成長パラノイア」とよんでいます）が内蔵されていたことが、この拡大の一つの原因です。こうして、二十世紀の始まる頃、地球全体が、ほぼこの近代世界システムに吸収され、「世界」（ワールド）は「地球」（グローブ）と同じ意味になったのです。したがって、一体化したのは、世界ではなくて、地球なのですが、何となく私たちは、「世界の一体化」という言葉に慣れてしまったのです。もっとも、歴史的経緯はともかく、結果的には、どちらでも同じことなのかもしれません。

この本は、これからの世界がどうなっていくのかを考える前提を提供する目的で、こうした観点から、過去五〇〇年ほどの過程をたどりました。本書のような見方に対しては、たとえば、アジア史が書かれていないので、ヨーロッパ中心的だというような、趣旨を取り違えた批判がよくされます。しかし、現代の世界（地球）が一体化しているとして、その現代世界は、どこからきたのかということを考えると、ごく最近までのそれは、やはりヨーロッパを中心とした世界システムの延長線上にあったといわざるをえません。ヨーロッパ世界の展開には、地球上のあらゆる部分が、多くは「周辺」として、それぞれきわめて重要な役割を果たしていくのですが、近代世界システムがヨーロッパ的なものであることは、否定のしようがありません。中華世界やインド洋世界が、ヨーロッパやアメリカを席捲して、中国やインドの価値観が世界の価値観になったわけではないのです。イスラムを中心とした世界システムとか、東南アジアを中心とした世界システムとかいうものも、歴史的には、当然存在したでしょうが、それらの世界システムが地球を一体化させたわけではありません。

歴史家は、それぞれ自己の専門としている地域や時代に愛着をもちますし、それはとても大切なことですが、贔屓の引き倒しでは困るので、明日の世界を考えるには、なぜヨーロッパ的・資本主義的な近代世界システムが地球を覆うことになったのか、という問題を避けてとおることはできないのです。

この本は、もともと放送大学の講義資料として出版されました。放送の際には、かなり詳しい補足も付け加えていますので、そのテープを起こすことも考えましたが、諸般の事情で出版されたテキストを底本として、今回多少の手直しをしました。手直しに当たっては、筑摩書房の北村善洋さんにたいへんお世話になりました。お礼申しあげます。

二〇一五年九月

川北　稔

参考文献

I・ウォーラーステイン『近代世界システム』I‐Ⅳ、名古屋大学出版会、二〇一三年
I・ウォーラーステイン『新版・史的システムとしての資本主義』岩波書店、一九九七年
I・ウォーラーステイン『ポスト・アメリカ』藤原書店、一九九一年
I・ウォーラーステイン『転移する時代』藤原書店、一九九九年
I・ウォーラーステイン『資本主義的世界経済』I・Ⅱ、名古屋大学出版会、一九八七年
J・L・アブー゠ルゴド『ヨーロッパ覇権以前』上・下、岩波書店、二〇〇一年
S・アミン『世界的規模における資本蓄積』1‐3、柘植書房、一九七九‐八一年
G・アリギ『北京のアダム・スミス』作品社、二〇一一年
R・イングリッシュ／M・ケニー編『経済衰退の歴史学』ミネルヴァ書房、二〇〇八年
E・ウィリアムズ『コロンブスからカストロまで』I・Ⅱ、岩波現代文庫、二〇一四年
E・ウィリアムズ『資本主義と奴隷制』明石書店、二〇〇四年
J・H・エリオット『旧世界と新世界』岩波書店、一九七五年
P・J・ケイン／A・G・ホプキンズ『ジェントルマン資本主義と大英帝国』岩波書店、一

九九四年
P・J・ケイン／A・G・ホプキンズ『ジェントルマン資本主義の帝国』Ⅰ・Ⅱ、名古屋大学出版会、一九九七年
F・ブローデル『地中海』1-5、藤原書店、二〇〇四年
A・G・フランク『世界資本主義とラテンアメリカ』岩波書店、一九七八年
A・G・フランク『リオリエント』藤原書店、二〇〇〇年
J・ド・フリース／A・ファン・デァ・ワウデ『最初の近代経済』名古屋大学出版会、二〇〇九年
D・フリン『グローバル化と銀』山川出版社、二〇一〇年
K・ポメランツ『大分岐』名古屋大学出版会、二〇一五年
K・ポラニー『新訳・大転換』東洋経済新報社、二〇〇九年
S・ミンツ『甘さと権力』平凡社、一九八八年
秋田茂『イギリス帝国とアジア国際秩序』名古屋大学出版会、二〇〇三年
秋田茂『イギリス帝国の歴史』中公新書、二〇一二年
池本幸三『近代奴隷制社会の史的展開』ミネルヴァ書房、一九八七年
池本幸三ほか『近代世界と奴隷制』人文書院、一九九五年
懐徳堂記念会編『世界史を書き直す・日本史を書き直す』和泉書院、二〇〇八年

加藤祐三・川北稔『アジアと欧米世界』中公文庫、二〇一〇年
川北稔『砂糖の世界史』岩波ジュニア新書、一九九六年
川北稔『工業化の歴史的前提』岩波書店、一九八三年
川北稔『民衆の大英帝国』岩波現代文庫、二〇〇八年
川北稔『イギリス近代史講義』講談社現代新書、二〇一〇年
川北稔編『ウォーラーステイン』講談社選書メチエ、二〇〇一年
木村和男『カヌーとビーヴァーの帝国』山川出版社、二〇〇二年
木村和男『毛皮交易が創る世界』岩波書店、二〇〇四年
下山晃『世界商品と子供の奴隷』ミネルヴァ書房、二〇〇九年
杉原薫『アジア間貿易の形成と構造』ミネルヴァ書房、一九九六年
杉原薫『アジア太平洋経済圏の興隆』大阪大学出版会、二〇〇三年
杉本淑彦『文明の帝国』山川出版社、一九九五年
玉木俊明『海洋帝国興隆史』講談社選書メチエ、二〇一四年
浜忠雄『ハイチ革命とフランス革命』北海道大学図書刊行会、一九九八年
桃木至朗編『海域アジア史研究入門』岩波書店、二〇〇八年
和田光弘『紫煙と帝国』名古屋大学出版会、二〇〇〇年

わ行

ま行

や行

ら行

は行

な行

た行

さ行

か行

索　引

配列は五十音順、＊印は人名を示す。

本書は二〇〇一年三月二十日、放送大学教育振興会より刊行された『改訂版　ヨーロッパと近代世界』を改題・改訂したものである。

増補 魔女と聖女　池上俊一
魔女狩りの嵐が吹き荒れた中近世、美徳と超自然的力により崇められる聖女も急増する。女性嫌悪と礼賛の熱狂へ人々を駆りたてたものの正体に迫る。

中華人民共和国史十五講　王丹　加藤敬事訳
八九年天安門事件の学生リーダー王丹。逮捕・収監後、亡命先で母国の歴史を学び直し、敗者たちの透徹した認識を復元する、鎮魂の共和国六〇年史。

ツタンカーメン発掘記(上)　ハワード・カーター　酒井傳六/熊田亨訳
黄金のマスク、王のミイラ、数々の秘宝。エジプト考古学の新時代の扉を開いた世紀の発見の全記録。上巻は王家の谷の歴史と王墓発見までを収録。

ツタンカーメン発掘記(下)　ハワード・カーター　酒井傳六/熊田亨訳
王墓発見の報が世界を駆けめぐり発掘された遺物が注目を集める中、ついに黄金の棺が開かれ、カーターは王のミイラと対面する。　（屋形禎亮）

王の二つの身体(上)　E・H・カントーロヴィチ　小林公訳
王の可死の身体は、いかにして不可死の身体へと変容するのか。異貌の亡命歴史家による最もラディカルな「王権の解剖学」。待望の文庫化。

王の二つの身体(下)　E・H・カントーロヴィチ　小林公訳
王朝、王冠、王の威厳。権力の自己荘厳のメカニズムを冷徹に分析する中世政治神学研究の金字塔。必読の問題作。全2巻。

裁判官と歴史家　カルロ・ギンズブルグ　上村忠男/堤康徳訳
一九七〇年代、左翼闘争の中で起きた謎の殺人事件。冤罪とも騒がれるその裁判記録の分析に著者が挑み、歴史家のとるべき態度と使命を鮮やかに示す。

中国の歴史　岸本美緒
中国とは何か。独特の道筋をたどった中国社会の変遷を、東アジアとの関係に留意して解説。初期王朝から現代に至る通史を簡明かつダイナミックに描く。

民のモラル　近藤和彦
統治者といえど時代の約束事に従わざるをえなかった18世紀イギリス。新聞記事や裁判記録、ホーガースの風刺画などから騒擾と制裁の歴史をひもとく。

増補 大衆宣伝の神話　佐藤卓己

祝祭、漫画、シンボル、デモなど政治の視覚化は大衆の感情をどのように動員したか。ヒトラーが学んだプロパガンダを読み解く「メディア史」の出発点。

同時代史　タキトゥス　國原吉之助訳

古代ローマの暴帝ネロ自殺のあと内乱が勃発。絡みあう人間ドラマ、陰謀、凄まじい政争を、臨場感あふれる鮮やかな描写で展開した大古典。（本村凌二）

秋風秋雨人を愁殺す　武田泰淳

辛亥革命前夜、疾風のように駆け抜けた美貌の若き女性革命家秋瑾の生涯。日本刀を鍾愛した烈女秋瑾の思想と人間像を浮き彫りにした評伝の白眉。

歴史（上・下）　トゥキュディデス　小西晴雄訳

野望、虚栄、裏切り――古代ギリシアを殺戮の嵐に陥れたペロポネソス戦争とは何だったのか。その全貌を克明に記した、人類最古の本格的「歴史書」。

とりあえず分かる！世界の紛争地図　ボブ・ハリス　安原和見訳

地球上で今日も起きている武力衝突の数々。それらは、どこでどう起こっているのか？ 世界中の紛争を地域ごとに、背景・経緯を解説するガイド。

近代ヨーロッパ史　福井憲彦

ヨーロッパの近代は、その後の世界を決定づけた。現代をさまざまな面で規定しているヨーロッパ近代の歴史と意味を、平明かつ総合的に考える。

売春の社会史（上）　バーン&ボニー・ブーロー　香川檀／家本清美／岩倉桂子訳

売春の歴史を性と社会的な男女関係の歴史としてとらえた初の本格的通史。図版多数。「売春の起源」から「宗教改革と梅毒」までを収録。

売春の社会史（下）　バーン&ボニー・ブーロー　香川檀／家本清美／岩倉桂子訳

様々な時代や文化的背景における売春の全体像を十全に描き、社会政策への展開を探る。「王侯と平民」から「変わりゆく二重規範」までを収録。

世界史的考察　ヤーコプ・ブルクハルト　新井靖一訳

古典的名著の新訳版。歴史を動かした「力」を巡る考察。歴史への謙虚な姿勢と文明批評に見える鋭敏さは、現代においても多くの示唆を与える。

カトリックの信仰　岩下壮一

神の知恵への人間の参与とは何か。近代日本カトリシズムの指導者・岩下壮一が公教要理を詳説し、キリスト教の精髄を明かした名著。（稲垣良典）

十牛図　上田閑照／柳田聖山

禅の古典「十牛図」を手引きに、自己と他、自然と人間、自身への関わりを通し、真の自己への道を探る。現代語訳と詳注を併録。（西村惠信）

原典訳ウパニシャッド　岩本裕編訳

インド思想の根幹であり後の思想の源ともなったウパニシャッド。本書では主要篇を抜粋、梵我一如、輪廻・業・解脱の思想を浮き彫りにする。（立川武蔵）

世界宗教史（全8巻）　ミルチア・エリアーデ

宗教現象の史的展開を膨大な資料を博捜し著された人類の壮大な精神史。エリアーデの遺志にそって共同執筆された諸地域の宗教の巻を含む。

世界宗教史1　ミルチア・エリアーデ　中村恭子訳

人類の原初の宗教的営みに始まり、メソポタミア、古代エジプト、インダス川流域、ヒッタイト、地中海地域、初期イスラエルの諸宗教を収める。

世界宗教史2　ミルチア・エリアーデ　松村一男訳

20世紀最大の宗教学者のライフワーク。本巻はヴェーダの宗教、ゼウスとオリュンポスの神々、ディオニュソス信仰等を収める。（荒木美智雄）

世界宗教史3　ミルチア・エリアーデ　島田裕巳訳

仰韶、竜山文化から孔子、老子までの古代中国の宗教と、バラモン、ヒンドゥー、仏陀とその時代、オルフェウスの神話、ヘレニズム文化などを考察。

世界宗教史4　ミルチア・エリアーデ　柴田史子訳

ナーガールジュナまでの仏教の歴史とジャイナ教から、ヒンドゥー教の総合、ユダヤ教の試練、キリスト教の誕生などを収録。（島田裕巳）

世界宗教史5　ミルチア・エリアーデ　鶴岡賀雄訳

古代ユーラシア大陸の宗教、八—九世紀までのキリスト教、ムハンマドとイスラーム、イスラームと神秘主義、ハシディズムまでのユダヤ教など。

世界宗教史6
ミルチア・エリアーデ
鶴岡賀雄訳
中世後期から宗教改革前夜までのヨーロッパの宗教運動、宗教改革前後における宗教、魔術、ヘルメス主義の伝統、チベットの諸宗教を収録。

世界宗教史7
ミルチア・エリアーデ
奥山倫明／木塚隆志／深澤英隆訳
エリアーデ没後、同僚や弟子たちによって完成された最終巻の前半部。メソアメリカ、インドネシア、オセアニア、オーストラリアなどの宗教。

世界宗教史8
ミルチア・エリアーデ
奥山倫明／木塚隆志／深澤英隆訳
西・中央アフリカ、南・北アメリカの宗教、日本の神道と民俗宗教。啓蒙期以降ヨーロッパの宗教的創造性と世俗化などを収録。全8巻完結。

シャーマニズム(上)
ミルチア・エリアーデ
堀一郎訳
二〇世紀前半までの民族誌的資料に依拠し、宗教史学の立場から構築されたシャーマニズム研究の金字塔。エリアーデの代表的著作のひとつ。

シャーマニズム(下)
ミルチア・エリアーデ
堀一郎訳
宇宙論的・象徴論的概念を提示した解釈は、霊魂の離脱(エクスタシー)という神話的な人間理解として現在も我々の想像力を刺激する。(奥山倫明)

回教概論
大川周明
最高水準の知性を持つと言われたアジア主義者の力作。イスラム教の成立経緯や、経典などの要旨が的確に記された第一級の概論。(中村廣治郎)

原典訳 チベットの死者の書
川崎信定訳
死の瞬間から次の生までの間に魂が辿る四十九日の旅——中有(バルドゥ)のありさまを克明に描き、死者に正しい解脱の方向を示す指南の書。

旧約聖書の誕生
加藤隆
旧約聖書は多様な見解を持つ文書を寄せ集めて作られた書物である。各文書が成立した歴史的事情から旧約を読み解く。現代日本人のための入門書。

神道
トーマス・カスーリス
衣笠正晃訳
守屋友江監訳
日本人の精神構造に大きな影響を与え、国の運命をも変えてしまった「カミ」の複雑な歴史を、米比較宗教学界の権威が鮮やかに描き出す。

増補〈歴史〉はいかに語られるか　成田龍一

「国民の物語」としての歴史は、総動員体制下いかに機能したか。多様なテキストから過去／現在を語る装置としての歴史を問い直す。（福井憲彦）

日本の百年（全10巻）　鶴見俊輔／松本三之介／橋川文三／今井清一編著

明治・大正・昭和を生きてきた人々の息づかいが実感できる、臨場感あふれた迫真のドキュメント。いま私たちが汲みとるべき歴史的教訓の宝庫。

御一新の嵐　日本の百年1　鶴見俊輔編著

一八五三年、ペリーが来航し鎖国が破られた。日本の歴史は未曾有の変革期を迎える。時代に先駆けた人、取り残された人、そこで何が達成されたのか。

わき立つ民論　日本の百年2　松本三之介編著

帝国憲法制定に向けて着々と国の体制を整える明治国家。しかし、政府に対する不満の声は、近代日本最大の政治運動自由民権運動となって高まる。

強国をめざして　日本の百年3　松本三之介編著

一八八九年二月十一日、帝国憲法発布、国民の意識は高揚した。外に日清戦争に勝利し、内に産業革命進展のなか、近代日本は興隆期を迎える。

明治の栄光　日本の百年4　橋川文三編著

日露戦争に勝利した日本は世界から瞠目されたが、勝利はやがて侵略の歴史へと塗り替えられ、大逆事件の衝撃のうちに、時代は大正へと移ってゆく。

成金天下　日本の百年5　今井清一編著

第一次世界大戦の勃発により、日本は軍需景気に沸き立った。すべては金、金の一方で、民衆は生活難を訴え、各地にデモクラシー運動の昂揚をみる。

震災にゆらぐ　日本の百年6　今井清一編著

一九二三年九月一日、大地震が関東を襲い、一挙に帝都が焼失。社会の基盤をもゆさぶった未曾有の体験は、さらに険しい昭和への前奏曲だった。

アジア解放の夢　日本の百年7　橋川文三編著

内に、東北の大凶作、権力による苛烈な弾圧、昭和維新の嵐。外に、満州国の建設、大陸戦線の拡大、抗日の激流。不安と退廃によどんだ昭和時代前期。

果てしなき戦線 日本の百年8 橋川文三 今井清一 編著

日中戦争から太平洋戦争へ戦線は拡大。日本は史上最大の賭けに一切の国力を傾け、そして敗れた。民族の栄光と悲惨、苛酷な現実と悪夢の記録。

廃墟の中から 日本の百年9 鶴見俊輔 編著

特攻隊の生き残り、引揚者、ヤミ屋、戦災孤児。新たな明日を夢み、さまざまな思いを抱いて必死に生きた、敗戦直後の想像を絶する窮乏の時代。

新しい開国 日本の百年10 鶴見俊輔 編著

一九五二年四月、占領時代が終り、日本は国際社会に復帰。復興の彼方に、さまざまな矛盾と争点を抱える現代日本の原型が現出。（全10巻完結）

明治国家の終焉 坂野潤治

日露戦争後の財政危機が官僚閥と議会第一党の協調による「一九〇〇年体制」を崩壊させた。戦争を招いた二大政党制の迷走の歴史を辿る。（空井護）

近代日本とアジア 坂野潤治

近代日本外交は、脱亜論とアジア主義の対立構図により描かれてきた。そうした理解が虚像であることを精緻な史料読解で暴いた記念碑的論考。（苅部直）

横井小楠 松浦玲

欧米近代の外圧に対して、儒学的理想である仁政を基に、内外の政治的状況を考察し、政策を立案し遂行しようとした幕末最大の思想家を描いた名著。

古代大和朝廷 宮崎市定

記紀を読み解き、中国・朝鮮の史料を援用して、日本の古代史を東洋と世界の歴史に位置づける、壮大なスケールの日本史論集。（砺波護）

古代史おさらい帖 森浩一

考古学・古代史の重鎮が、「土地」「年代」「人」の基本概念を徹底的に再検証。「古代史」をめぐる諸問題の見取り図がわかる名著。

江戸の坂 東京の坂（全） 横関英一

東京の坂道とその名前からは、江戸の暮らしや庶民の心が透かし見える。東京中の坂を渉猟し、元祖「坂道」本と謳われた幻の名著。（鈴木博之）

ちくま学芸文庫

世界《せかい》システム論講義《ろんこうぎ》　ヨーロッパと近代世界《きんだいせかい》

二〇一六年 一月十日 第一刷発行
二〇一七年十二月五日 第八刷発行

著 者 川北稔（かわきた・みのる）
発行者 山野浩一
発行所 株式会社 筑摩書房
東京都台東区蔵前二―五―三 〒一一一―八七五五
振替〇〇一六〇―八―四一二三
装幀者 安野光雅
印刷所 中央精版印刷株式会社
製本所 中央精版印刷株式会社

乱丁・落丁本の場合は、左記宛にご送付下さい。
送料小社負担でお取り替えいたします。
ご注文・お問い合わせも左記へお願いします。
筑摩書房サービスセンター
埼玉県さいたま市北区櫛引町二―六〇四 〒三三一―八五〇七
電話番号 〇四八―六五一―〇〇五三

ISBN978-4-480-09718-7 C0120